버퍼링 씽킹

버퍼링 씽킹

검색 중독에서 벗어나 창의력을 일깨우는 법

김태훈 지음

BUFFERING
THINKING

추천의 글

생성형 AI의 발전 속도는 가늠하기조차 어려울 만큼 눈부시다. 이미 많은 영역에서 인간의 일을 대체하며, 우리는 그 변화 속에서 혼란과 불안을 느낀다. 그러나 기술이 발전할수록 오히려 인간의 역할은 더욱 뚜렷하게 차별화되고 있다.

이 책은 그 해답을 명확히 제시한다. AI를 도구로 삼아 지혜롭게 살아갈 것인가, 아니면 AI에 종속된 채 수동적으로 살아갈 것인가? 그 선택의 기로에선 우리 모두가 반드시 읽어야 할 '생각 사용 설명서'다.

• 김경일 인지심리학자

일상 속에서 '버퍼링이 걸렸다'라고 하면 잠깐 동안 생각이나 동작을 멈춰버린 것을 이야기하는데, 주로 데이터를 전송하다가 인터넷 속도나 시스템 성능 등의 문제로 화면이 멈춰 있는 걸 빗대어 표현하는 말이기 때문이다. 하지만 이 단어의 원래 의미는 '충격을 완화한다'이고, 컴퓨터에서는 데이터를 임시로 저장하는 메모리 공간을, 생물학 실험에서는 세포나 조직의 환경을 안정적으로 유지하기 위한 용액을 '버퍼(buffer)'라고 부른다.

우리의 뇌 역시 안정적으로 운영되기 위해서는 버퍼, 즉 잠깐씩 작업을 멈춰주는 시간이 필요하다. 인지심리학자 김태훈 교수는 버퍼링 씽킹이라 이름 붙인 바로 이 책에서 우리의 뇌에게 왜 잠깐의 멈춤, 생각을 곱씹는 순간이 필요한지 탐구한다. 창의적 통찰과 혁신적인 아이디어는 바로 뇌가 생각을 멈추고 '버퍼링'할 때 나온다는 것이다.

늘 빠른 의사결정과 정보 처리를 요구받는 현대인에게는 생각의 과부하를 내려놓는 연습이 필요하다. 이 책에서는 생각의 속도를 줄이면 어떻게 더 깊이 사고할 수 있는지 뇌과학과 심리학의 여러 연구를 기반으로 흥미진진하게 풀어낸다. 이 책은 생각의 속도를 줄이고, 더 깊고 창의적으로 사고하는 법을 배우고자 하는 이들에게 좋은 시작점이 될 것이다.

뇌에게도 버퍼링할 시간을 주자.

• **장동선** 뇌과학 박사

빠른 편집과 짧은 호흡이 대세인 미디어 환경에서, 지난한 회의와 사고의 시간들이 때로는 사치처럼 느껴지기도 한다. 그럼에도 불구하고, 결국 답은 나왔다. 몇 시간 후 혹은 며칠 후, 누군가의 뇌에서 예상치 못한 놀라운 통찰이 튀어나오곤 했다.

《버퍼링 씽킹》은 바로 그 순간을 포착한 책이다. AI가 사고를 대신해 주는 시대이지만, 저자는 이 책을 통해 말한다. 진짜 창의적인 생각은 '버퍼링'의 순간에서 탄생하며, 버퍼링의 과정을 거친 창작은 AI도 대체할 수 없다고.

이 책을 읽고, 더 이상 '버퍼링'이 불안의 순간이 아니라 새로운 발상의 출발점이라는 사실을 깨달았다. 〈놀라운 증명〉이 과학과 예능을 동시에 잡는 데 성공했는지는 잘 모르겠다. 그런데 저자는 《버퍼링 씽킹》을 통해 깊이와 재미를 완벽하게 잡아내는 데 성공한 듯하다.

tvN 〈놀라운 증명〉 제작진

이 책을 읽는 내내 조각을 맞추는 보드게임을 하는 것처럼 무척 즐거웠다. '창의'를 다룬 책은 이미 수없이 많아 더 이상 궁금하지 않을 수도 있다. 그러나 이 책은 인지심리학자의 시각과 저자의 경험, 그리고 풍부한 사례를 바탕으로 인간에게 주어진 독특한 '창의력'에 대한 새로운 관점을 제시한다.

디지털 시대의 새로운 미래에는 새로운 삶의 패턴이 필요하며, 변화는 이미 시작되었다. 나에게 다가오는 수많은 질문과 결정의 순간 속에서 더 나은 변화를 만들어 가려면, 흩어진 조각들을 맞추는 보드게임처럼 나만의 사유와 창의를 하나로 모으는 '버퍼링 씽킹'이 필요하다. 이 책을 강력히 추천한다.

• 정민식 CJ ENM 책임 프로듀서

비슷한 생각으로는, 새로운 결과를 만들 수 없다. 검색 엔진이 제공하는 정보는 누구나 얻을 수 있지만 그 정보를 어떻게 활용하고, 어떤 인사이트를 도출하느냐가 진짜 경쟁력을 결정한다. 이 책은 빠른 소비에서 벗어나, 깊이 사고하는 법을 알려준다. 속도 경쟁이 아닌, 본질을 꿰뚫는 힘을 기르고 싶은 이들에게 추천한다.

• 조정 SBS 보도본부 논설위원실장

속도의 시대, 버퍼링의 순간을 활용하라

'유례없는(unprecedented)'

최근 몇 년 동안, 우리는 이 단어를 수도 없이 들어왔다. 인공지능과 로봇 기술이 발전하면서 세상은 눈 깜짝할 사이에 달라졌다. 우리는 그 속도를 따라잡기 위해 숨 가쁘게 뛰어왔다. 빠르게 생각하고, 즉각적으로 반응하며, 고민할 틈 없이 해결책을 찾아야 하는 시대. 이제는 조금만 느려도 도태될 것 같은 불안 속에서 살아가고 있다.

그런데, 언제부터 '진득하게 생각하는 시간'이 사치가 되어버렸을까? 문제를 깊숙이 파고들어 충분히 고민하는 것이 창의적인 사고의 핵심인데, 이제는 어떤가?

- 회의 중, 잠깐이라도 머뭇거리면 "검색해 보세요"라는 말이 먼저 나온다.
- 기획서를 작성할 때, 먼저 챗GPT에게 초안을 받아보는 것이 기본이 된 시대가 되었다.
- 학생들은 보고서를 쓰기 전에 먼저 'AI가 뭐라고 할까?'를 확인한다. 심지어 중요한 결정을 내리는 순간에도 AI의 도움을 우선적으로 받으려고 한다.

우리는 고민할 시간조차 없이, 알고리즘이 제공하는 최적의 답을 선택하는 것에 익숙해지고 있다. 이제는 문제를 풀어내는 능력보다 AI가 던져준 해답을 해석하는 능력이 더 중요한 시대가 된 것이다. 모든 것이 자동화되고, 모든 답이 즉시 제공되는 세상에서 우리는 점점 스스로 생각하는 힘을 잃어가고 있다.

한 글로벌 기업의 마케팅팀에서는 브레인스토밍을 AI에게 맡기는 실험을 진행했다. 팀원들은 각자 골똘히 생각하는 대신, 챗GPT에게 "이번 캠페인에 가장 적합한 마케팅 전략은 무엇인가?"라는 질문을 던졌다. AI는 몇 초 만에 트렌드를 분석한 인사이트와 구체적인 실행 방안을 제시했다. 결과는 어땠을까?

생산성은 높아졌지만, 차별성은 사라졌다. 다른 브랜드도 같은 AI를 사용해 비슷한 전략을 도출했기 때문이다. AI가 제공하는 답은 기존 데이터를 바탕으로 최적화된 해결책일 뿐, 새로운 돌파구나 창의적인 발상은 오히려 줄어들었다.

불과 몇 년 전까지만 해도, 우리는 복잡한 문제를 마주하면, 좋은 해결책이 떠오르기까지 오랜 시간 고민하며 머릿속이 멈춘 듯 정리되지 않는 순간들을 겪었다. 고민의 무게는 버거웠지만 생각의 결과는 달콤한 일이 많았다.

하지만 이제는 고민하기도 전에 검색창을 열고, 직접 문장을 써보기도 전에 AI에게 맡기며, 무엇을 볼지 선택하기 전에 알고리즘이 제시하는 추천을 따른다. 생각보다 반응이 먼저가 된 시대, 우리는 점점 깊이 생각하는 근육을 잃어가고 있다. AI가 답을 찾아주는 시대에, 진짜 중요한 것은 얼마나 빠르게 검색하는지가 아니라 어떤 질문을 던질 것인가이다. 이제, 당신의 뇌가 '버퍼링' 걸릴 때 도망치지 말고 기회로 활용해야 한다. 버퍼링 순간을 받아들일 때, 비로소 진짜 창의력이 가동된다.

이 책은 AI와 알고리즘이 생각마저 대신하는 시대에, 우리의 창의력이 점점 퇴화하고 있다는 문제의식에서 출발했다. 우리는 속도만을 중시한 나머지, 버퍼링을 효과적으로 활용하지 못한 채 평범한 결과물만 반복적으로 만들어내고 있다. 하지만 오히려 머릿속이 과부하로 인해 잠시 멈추는 '버퍼링'의 순간을 창의적인 생각의 기회로 삼아야 한다. 즉, 버퍼링을 단순한 정지 상태가 아니라, 새로운 발상을 위한 준비 과정으로 바라보자는 것이다.

인지심리학적으로 볼 때, 뇌가 즉각적인 해답을 내놓지 못하는 순간은 단순한 공백이 아니다. 오히려 뇌가 기존의 정보를 재정렬하고, 새로운 연결을 만들면서 창의적인 해답을 찾아가는 과정이다. 그러나 많은 사람들은 이러한 버퍼링 순간을 견디지 못하고, 빠르게 답을 찾아야 한다는 압박감 속에서 깊이 생각하는 기회를 놓쳐버린다. 이것이 바로 내가 이 책을 쓰기로 결심한 이유다.

AI가 모든 답을 제공하는 시대, 우리는 어떻게 하면 인간만의 독창성을 회복하고, 창의적인 아이디어를 만들어낼 수 있을까? 어떻게 하면 설득력 있는 아이디어를 만들고, 프로젝트를 주도할 수 있을까? 이 책은 바로 그 질문에 대한 답을 제시한다.

이 책은 버퍼링 순간을 창의적인 생각으로 전환하는 다섯 가지 방법을 소개한다. 나는 이를 'SCORE 프레임워크'라고 부른다. 이 다섯 가지 요소는 AI 시대에도 대체되지 않는 창의력을 키우기 위한 핵심 과정이다. 이 책에서 다룬 SCORE 프레임워크를 따라가다 보면, 버퍼링이 걸린 머릿속을 정리하고 창의적인 사고를 회복할 수 있다. 관찰(Sense)을 통해 문제의 본질을 파악하고, 제약(Constrain)을 설정해 창의력을 자극하며, 재구성

(reOrganize)을 통해 기존의 틀을 깨뜨린다. 이어서 연결(Relate)을 통해 새로운 아이디어를 조합하고, 실행(Execute)을 통해 이를 현실로 만들어가는 과정까지 다룬다. 단순히 아이디어를 떠올리는 것을 넘어, 그것을 실제로 구현하는 방법까지 제시한다.

이 책은 생각하는 힘을 회복하고 싶은 모든 사람을 위한 안내서다. 빠른 속도에 지쳐 깊이 사고하는 법을 잊어버린 직장인, 창의적인 아이디어가 필요한 기획자와 창작자, 그리고 AI 시대에도 인간만의 독창적인 생각을 유지하고 싶은 사람들에게 꼭 필요한 내용이 담겨 있다. 이제는 단순히 빠르게 답을 찾는 것이 아니라, 새로운 시각으로 문제를 발견하고 해답을 찾아가는 능력이 중요하다.

당신의 뇌가 버퍼링 걸린 순간을 두려워하지 말고, 창의적 사고의 출발점으로 활용하라. 이 책이 '버퍼링 씽킹(Buffering Thinking)'을 통해 깊이 있는 사고를 회복하고, 인간만이 가진 창의력을 극대화하는 길을 제시할 것이다.

2025년 3월

인지심리학자 김태훈

버퍼링 씽킹
점검 테스트

우리는 하루에도 수많은 선택과 결정을 내립니다. 문제를 해결하고, 새로운 아이디어를 떠올리며, 다양한 상황 속에서 우리의 사고력을 발휘해야 하죠. 그러나 우리는 종종 이 능력을 스스로 사용하는 대신 외부의 도움에 의존하곤 합니다. 인터넷 검색, AI 도구, 타인의 조언 등이 바로 그 예입니다. 이러한 도구들은 삶을 편리하게 만들어주지만, 우리의 사고력과 창의력을 약화시킬 위험도 함께 내포하고 있습니다.

'버퍼링 씽킹 점검 테스트'는 이러한 맥락에서 탄생했습니다. 이 테스트는 당신의 창의적 사고 능력이 현재 어떤 상태에 있는지를 점검하고, 스스로 문제를 해결하는 능력을 다시 점화하기 위해 고안되었습니다. 이 과정을 통해 자신의 생각하는 방식과 외부에 의존하는 경향을 점검하고, 창의적 에너지를 되살릴 방법을 탐구할 수 있을 것입니다.

이 테스트를 통해 자신의 사고 습관을 점검해 보고, 잊고 지냈던 창의력을 다시 일깨워보세요.

항목	점수 ☑
1. 문제를 해결할 때 인터넷이나 AI 도구에 의존하기보다 내 생각을 먼저 정리하는가?	① ② ③ ④ ⑤
2. 새로운 아이디어를 떠올리기 위해 직접 메모하거나 그림을 그리는 습관이 있는가?	① ② ③ ④ ⑤
3. 주어진 문제를 해결할 때 여러 접근법을 시도해 본 후에 외부 도움을 요청하는가?	① ② ③ ④ ⑤
4. 혼자서 새로운 프로젝트를 구상하거나 기획하는 일을 자주 하는가?	① ② ③ ④ ⑤
5. 어려운 결정을 내릴 때 객관적인 데이터를 우선적으로 고려하는 편인가?	① ② ③ ④ ⑤
6. 평소 즐기던 창의적인 활동(글쓰기, 그림, 요리 등)을 자주 하는가?	① ② ③ ④ ⑤
7. 결정 과정에서 외부의 조언이나 답변을 비판적으로 검토하는가?	① ② ③ ④ ⑤
8. 무언가 복잡하게 얽혀 있을 때 스스로 문제를 파악하고 정리하려는 노력을 하는가?	① ② ③ ④ ⑤
9. 이전 결정과 그 결과를 되돌아보며 교훈을 얻는가?	① ② ③ ④ ⑤

10. 창의적 활동을 할 때,
시간이나 결과에 구애받지 않고 몰입한 경험이 있는가?　① ② ③ ④ ⑤

---

11. 주변에서 쉽게 찾을 수 없는
해결책을 생각해 낸 적이 있는가?　① ② ③ ④ ⑤

---

12. 일상적인 대화에서 새로운 주제를
제안하거나 탐구하려는 경향이 있는가?　① ② ③ ④ ⑤

---

13. 익숙한 방식을 무작정 따르지 않고
새로운 가능성을 탐색해 보는가?　① ② ③ ④ ⑤

---

14. 단순히 답을 얻는 것보다 문제의 본질을
이해하려고 노력하는가?　① ② ③ ④ ⑤

---

15. 예상하지 못한 결과에 낙담하지 않고
분석적으로 접근하여 기회를 찾아내는가?　① ② ③ ④ ⑤

---

16. 주변의 아이디어나 정보를 그대로 받아들이지 않고
새롭게 조합하고 연결하는 경향이 있는가?　① ② ③ ④ ⑤

---

17. 특정 주제에 대해 깊이 생각하며
아이디어를 발전시키는 시간을 가지는가?　① ② ③ ④ ⑤

---

18. 다양한 정보의 출처를 비교하고
검증하는가?　① ② ③ ④ ⑤

---

19. 평소 나만의 방식으로 복잡한 문제를
단순화하거나 해결한 경험이 있는가?　① ② ③ ④ ⑤

20. 다양한 아이디어를 떠올릴 때 자신만의 독특한 관점을 반영하는가?

① ② ③ ④ ⑤

점수 계산 방법(자기 평가)

5점: 매우 그렇다
4점: 그렇다
3점: 보통이다
2점: 그렇지 않다
1점: 전혀 그렇지 않다

항목별 점수를 합산하여 창의적 사고 능력을 평가할 수 있습니다:

80~100점: 창의력이 활발하며 의존도가 매우 낮음
60~79점: 창의력이 양호하지만 다소 의존 경향이 있음
40~59점: 창의력이 제한적이며 의존도가 높은 상태
20~39점: 창의력 저하 및 높은 외부 의존
20점 이하: 사고 능력 대부분이 외부에 의존

이번 테스트를 통해 발견한 점들은 단순히 결과를 넘어, 당신이 생각하는 방식과 스스로의 잠재력을 되돌아보는 기회가 되었을 것입니다.
결과가 어떻든 중요한 것은 지금부터의 변화입니다. 창의력이 활발한 상태라면 이를 더 키우기 위해 노력하세요. 만약 외부 의존도가 높다고 느껴진다면, 작은 시도부터 시작해 창의력을 점차 회복해보세요. 문제를 스스로 해결하려는 작은 노력들이 쌓이면, 그것이 곧 창의적이고 독립적인 삶으로 이어질 것입니다.

**"생각하는 힘을 잃지 않을 때,
우리는 어떤 문제든 해결할 수 있습니다."**

차례

INTRO. 당신의 뇌는 '버퍼링' 중인가요?

버퍼링 씽킹 1단계

1장 관찰하라, 창의력은 감각에서 시작된다 #Sense

버퍼링 씽킹 2단계

2장 제약하라, 한계가 창의력을 자극한다 #Constrain

Intro.

당신의 뇌는
'버퍼링' 중인가요?

우리는 빠른 반응을 요구받는 시대를 살아간다.
쏟아지는 정보 속, 제대로 된 답을 찾기란 쉽지 않다.
그런데 가끔, 머릿속이 멈춘 듯한 순간이 온다.
아이디어가 사라지고, 생각이 정지된 그 순간!
당신은 불안을 느낄 것인가, 아니면 기회를 찾을 것인가?

버퍼링 씽킹은 이 멈춤을 창의력으로 바꾸는 강력한 도구다.
이제, 당신의 뇌가 '버퍼링'될 때 제대로 활용하는 법을 배워야 한다.

01
생각이 멈춘 순간,
당황하는 당신에게

아침부터 정신없이 회의를 준비하다가, 막상 발표할 차례가 되자, 머릿속이 하얘지는 경험. 새로운 기획을 해야 하는데, 아무리 생각해도 아이디어가 떠오르지 않는 순간. 바쁜 하루를 보냈지만, 돌아보면 '내가 뭘 했지?'라는 허무함이 밀려오는 밤. 이러한 순간들은 단순한 피로 때문일까? 아니면 정말 내 머리가 굳어버린 걸까? 우리는 이런 순간을 두려워한다.

'나는 왜 이렇게 멍청할까?'
'머리가 잘 돌아가던 예전보다 생각이 둔해진 것 같다.'
'다른 사람들은 빠르게 답을 내는데, 나는 왜 이리 버벅이는 걸까?'

하지만 인지심리학에서는 이런 '버퍼링 순간'에 주목한다. 당신의 뇌는 지금도 일하고 있다. 단지, 표면적으로 보이지 않을 뿐.

우리는 매일 엄청난 양의 정보를 접한다. 아침에 일어나자마자 스마트폰을 확인하고, 출근길에 뉴스를 스크롤하며, 하루 종일 메신저와 이메일을 체크한다. 회의에서는 즉각적인 답변을 요구받고, 업무에서는 빠른 결정을 내려야 한다. 심지어 퇴근 후에도 소셜 미디어로 새로운 정보를 소비하고, 유튜브나 넷플릭스를 보며 피로를 푼다. 현대인의 뇌는 쉬지 않고 가동되는 CPU와 같다.

- 하루 평균 우리가 접하는 정보의 양은 34GB, 책 100권 분량에 해당한다.
- 그럼에도 불구하고 우리는 정보를 '생각'할 시간이 없다.
- 우리는 반응하는 데 익숙해졌고, 깊이 생각하는 법을 점차 잊어가고 있다.

이렇게 엄청난 정보가 밀려드는 시대에, 우리의 뇌가 가끔 멈춘 것처럼 느껴지는 것은 당연한 일이다. 즉각적인 반응을 강요당하는 사회에서, 우리의 뇌는 오히려 버퍼링 순간을 통해 스스로를 보호하려는 것이다.

뇌 과학 연구에 따르면, 창의적인 아이디어는 빠른 사고가 아니라 '느린 사고'에서 나온다. 즉, 우리가 머뭇거리는 그 순간이 더 깊은 사고를 위한 준비 과정이라는 것이다.

아이작 뉴턴이 만유인력의 법칙을 발견한 순간을 떠올려보자. 그는 실험실에서 연구에 몰두하던 중이 아니라, 사과나무 아래에서 휴식을 취할 때 깨달음을 얻었다. 즉, 아무것도 하지 않는 것처럼 보이는 순간이 오히려 혁신적인 사고를 만들어낸 것이다.

"유레카!"를 외친 아르키메데스도 마찬가지였다. 그는 욕조에 몸을 담그는 뜻밖의 순간에 해결책을 떠올렸다. 그의 깨달음은 바로 그 짧은 '버퍼링'의 순간에 이루어진 것이다.

최근에도 비슷한 사례는 수없이 많다. 테슬라와 스페이스X를 이끄는 일론 머스크는 창의적인 문제 해결을 위해 '제1원칙 사고(First Principles Thinking)'를 활용한다. 그는 기존의 사고방식을 답습하는 것이 아니라, 모든 문제를 처음부터 다시 분해하고 원리부터 다시 접근하는 방식을 택한다. 즉, 빠르게 결론을 내리기보다는 기존의 틀을 해체하고, 새로운 관점에서 문제를 바라보는 것이 그의 사고법이다.

이 모든 사례에서 공통적으로 발견되는 사실이 있다. 창의적인 아이디어는 즉각적인 반응에서 나오는 것이 아니라, 일정한 '버퍼링'을 거치는 과정에서 만들어진다는 것이다. 빠르게 답을 내리는 능력보다 중요한 것은 천천히 생각하는 순간을 받아들이고, 이를 창의적 사고의 출발점으로 삼는 것이다.

"느려지는 순간이 창의적인 아이디어를 만드는 시간이다."

당신의 뇌는 오늘도 버퍼링 중일 것이다. 그렇다면 이제, 그 순간을 불안해하지 말고 활용하라. 그 시간이 끝날 때, 당신은 더 좋은 답을 떠올릴 것이다.

뇌를 리부팅하는 인지심리학적 TIP

▶▶ 매일 일정 시간 스마트폰, 소셜 미디어, 이메일 등에서 벗어나 뇌에 '쉼'을 허락하면 뇌는 자연스럽게 깊은 사고 모드로 전환된다.

▶▶ '혼자 차분하게 생각하는 시간'을 가져라. 창의적인 아이디어는 바쁠 때가 아니라, 여유를 가질 때 떠오른다.

02
버퍼링 순간,
불안이 아닌 기회다

　우리는 마치 뇌가 멈춘 듯한 순간을 자주 경험한다. 갑자기 말문이 막히거나, 아이디어가 떠오르지 않거나, 생각이 공중에 붕 떠 있는 것 같은 느낌이 들 때가 있다. 이러한 순간을 보통 '무능함'이나 '집중력 저하'로 오해하지만, 실제로는 뇌가 깊이 있는 사고를 준비하는 과정일 가능성이 높다.

　이런 현상을 나는 '버퍼링 씽킹(Buffering Thinking)'으로 부르고자 한다. 이는 컴퓨터가 데이터를 불러오거나 복잡한 연산을 수행하는 동안 잠시 멈추는 '버퍼링(Buffering)'과 비슷한 개념이다. 화면이 얼어붙은 것처럼 보이지만, 실제로는 내부에서 복잡한 정보 처리가 이루어지고 있는 것처럼, 우리 뇌 역시 즉각적인 반응을 멈추고 정보를 정리하거나 새롭게 조합하는 작업을 하고 있는 것이다.

　이런 버퍼링 순간은 특히 창의적 사고와 문제 해결 과정에서 자주 발생한다. 예를 들어, 복잡한 문제를 해결하려다 보면 어느 순간 사고가 정지된 것처럼 느껴질 때가 있다. 하지만 이는 뇌가 단순한 연산이 아니라 더 높은 수준의 사고를 수행하기 위한 준비 과정에 돌입했기 때문이다. 즉, 버퍼링 순간은 단순한 멈춤이 아니라, 뇌가 더 나은 답을 찾아가는 과정인 것이다.

　인간의 뇌는 '잠재적 사고(latent thinking)'를 통해 표면적으로는 아무것도 하지 않는 것처럼 보일 때도 내부적으로 복잡한 연산을 수행한다. 우리가 어떤 문제에 대해 깊이 고민한 후 한동안 잊고 지냈다가 갑자기 해결책이 떠오르는 경험을 하는 것도 같은 원리다.

　프랑스 수학자 앙리 푸앵카레(Henri Poincaré)는 자신이 연구하던 수학 문제를 해결하지 못하고 포기한 채 휴가를 떠났다가, 여행 중 갑자기 해답이 떠올랐다고 기록한 바 있다. 그에 따르면, 우리 뇌는 집중하고 있을 때보다, 문제에서 한 걸음 떨어져 있을 때 창의적인 해결책을 찾아낼 확률이 더 높아진다.

　역사를 살펴보면, 위대한 발견과 혁신적인 아이디어가 떠오른 순간에는 공통적인 특징이 있는데, 그건 바로 사고의 공백을 허용했다는 점이다.

찰스 다윈과 '산책 사고법'

진화론을 정립한 찰스 다윈은 매일 정해진 시간에 숲길을 산책하는 습관을 가졌다. 그는 책상에 앉아 고민하는 것보다, 걷는 동안 오히려 생각이 더 명확해지는 경험을 했다고 한다. 한정된 공간에서 벗어나 산책로를 따라 걸으면서 답을 찾는 압박감에서 벗어나는 동시에 생각의 틈을 허용했던 것이다. 그리고 그 틈을 새로운 생각으로 채워가면서 아이디어를 숙성할 수 있었다.

빌 게이츠의 '생각 주간(Think Week)'

마이크로소프트 창업자인 빌 게이츠는 매년 일주일간 모든 업무와 사람들과의 소통을 차단하고 깊은 사고에 집중하는 '생각 주간(Think Week)'을 가진다. 이 기간 동안 그는 신기술, 경제, 인문학 등의 다양한 책을 읽고 새로운 아이디어를 떠올린다고 한다. 빠른 의사결정이 필요한 IT 업계에서조차, 오히려 깊이 있는 사고를 위한 '버퍼링 시간'이 필요하다는 것을 시사하는 사례다.

니콜라 테슬라의 '시각적 사고법'

천재 발명가 니콜라 테슬라는 새로운 발명품을 개발할 때 먼저 머릿속에서 모든 과정을 시뮬레이션했다고 한다. 그는 도면을 그리거나 실험을 하기 전에, 오랫동안 사고의 공백을 유지하며 머릿속에서 문제를 해결한 후, 실제 설계를 진행했다. 그의 방식은 '시각적 사고(Visual Thinking)'의 대표적인 사례로, 직관적 사고와 깊이 있는 사고가 결합될 때 창의적 해결책이 나온다는 것을 보여준다.

우리는 빠른 답을 찾는 데 익숙해져 있지만, 진정으로 가치 있는 아이디어는 단순한 속도가 아니라 버퍼링 순간을 어떻게 활용하느냐에 달려 있다. 그러니 이제부터 생각이 멈춘 것 같은 순간이 오면, 당황하거나 불안해하지 말자. 그 시간은 뇌가 더 창의적인 답을 찾아가는 과정이며, 그 결과는 곧 우리가 생각하는 힘을 한 단계 더 발전시킬 것이다.

뇌를 리부팅하는 인지심리학적 TIP

▶▶ 답을 찾는 과정에서 '버퍼링'을 즐겨라. 빠른 답을 내야 한다는 강박을 내려놓으면, 오히려 더 창의적인 해결책이 떠오른다.

03
버퍼링 타임 200% 활용법: 창의적 발상으로 전환하는 5가지 도구

뇌가 버퍼링에 걸린 순간을 단순한 멈춤이 아닌, 창의적인 사고로 전환하려면 어떻게 해야 할까? 바로, 'SCORE 프레임워크'를 활용하는 것이다.

SCORE는 창의적인 사고가 이루어지는 과정을 단계별로 정리한 모델로, 각각의 과정이 유기적으로 연결되어 있다. 관찰(Sense) → 제약(Constrain) → 재구성(reOrganize) → 연결(Relate) → 실행(Execute)이라는 다섯 단계는 단순히 생각하는 방법이 아니라, 버퍼링 씽킹을 전략적으로 활용하는 방법을 제공한다.

버퍼링 순간은 단순히 생각이 멈춘 것이 아니다. 그것은 새로운 생각의 출발점이며, 이 순간을 잘 활용할 때 창의적인 결과물을 얻을 수 있다. 그러나 많은 사람들이 이 과정을 제대로 활용하지 못하고 불안감에서 벗어나고자 즉각적인 해결책을 찾으려 한다. 이는 마치 씨앗을 심어 놓고 바로 나무가 자라길 기대하는 것과 같다. 창의적으로 생각하는 능력은 단계적인 훈련으로 키울 수 있다. 이제 SCORE 프레임워크의 각 단계가 어떻게 유기적으로 연결되는지 살펴보자.

1. 관찰(Sense): 문제의 본질을 파악하라

모든 창의적인 아이디어는 '관찰'에서 시작된다. 하지만 우리는 종종 문제를 너무 익숙한 방식으로 바라본다. 예를 들어, 단순히 눈으로 보고 이해하는 것을 '관찰'이라고 착각하는 경우가 많다. 그러나 진정한 관찰은 단순히 보는 것이 아니라, 보이지 않는 것을 읽어내는 능력이다.

창의적인 사람들은 문제를 해결하기 전에 더 깊이 들여다보고, 기존의 틀에서 벗어나 새로운 관점을 발견한다. 우리가 흔히 혁신적이라고 여기는 아이디어들은 대부분 문제를 새롭게 바라보는 순간에서 탄생한다.

하지만 여기서 중요한 점이 있다. 관찰만으로는 아이디어가 만들어지지 않는다. 그저 너무 많은 정보를 관찰하게 되면 오히려 정보 과부하에 빠지고, 무엇을 선택해야 할지 몰라 당황하거나 우왕좌왕할 수 있다. 이때 필요한 것이 바로 '제약'이다.

2. 제약(Constrain): 창의력을 끌어올리는 상자를 만들어라

우리는 흔히 창의력은 '자유로운 사고'에서 나온다고 생각하지만, 사실 적절한 제약이 창의력을 극대화한다. 무한한 자유 속에서는 어디서부터 시작해야 할지 몰라 생각이 흐트러지지만, 적절한 제약이 주어지면 오히려 명확한 방향성이 생긴다.

실제로 많은 창의적인 혁신은 '제한된 환경'에서 탄생했다. 스티브 잡스는 처음 아이폰을 개발할 때 버튼을 없애는 제약을 설정했다. 기존의 핸드폰은 물리적인 버튼이 필수적이라는 전제가 있었지만, 잡스는 새로운 상자를 만들어 터치스크린만으로 조작할 수 있도록 했다. 이러한 제약이 오히려 더 창의적인 해결책을 만들어냈다.

따라서 관찰을 통해 문제를 파악했다면, 이제는 어떤 제약을 설정할 것인지 고민해야 한다. 하지만 제약을 설정한다고 해서 아이디어가 바로 나오는 것은 아니다. 이 단계에서 우리는 기존의 틀을 깨고 새로운 방식으로 사고해야 한다.

3. 재구성(reOrganize): 기존의 틀을 깨고 새롭게 바라보라

새로운 아이디어는 기존의 정보들을 새롭게 조합하는 과정에서 탄생한다. 하지만 우리는 종종 과거의 경험과 익숙한 사고방식에 갇혀 새로운 조합을 만들어내지 못한다.

예를 들어, 레고는 원래 조립 블록에 불과했다. 하지만 한 디자이너가 레고를 단순한 장난감이 아니라, '창의력 훈련 도구'로 재구성하면서 전 세계적인 혁신 브랜드로 자리 잡게 되었다. 이처럼 창의적 사고는 기존의 틀을 새롭게 조합하는 과정에서 이루어진다.

그러나 여기서도 한 가지 문제가 있다. 우리는 아이디어를 재구성할 때, 이미 익숙한 것들끼리만 연결하는 경향을 보인다. 이를 극복하기 위해서는 이질적인 것들을 연결하는 과정이 필요하다.

4. 연결(Relate): 기존의 것들을 색다르게 조합하라

창의적인 아이디어는 완전히 새로운 것이 아니라, 기존의 것들을 다르게 연결하는 과정에서 나온다.

예술과 기술의 만남을 생각해보자. 다이슨이나 발뮤다는 단순히 기술적인 진보만 이룬 기업이 아니다. 이들은 미니멀리즘을 반영한 디자인과 사용자의 감성을 자극하는 요소를 기술과 결합한 덕분에, 그들만의 브랜드 정체성을 구축할 수 있었다. 또한, 혁신적인 제품의 대부분은 서로 다른 산업에서 아이디어를 차용하는 방식으로 탄생했다. 하지만 아무리 좋은 연결을 만들어도, 그것이 실행되지 않으면 의미가 없다.

5. 실행(Execute): 아이디어를 현실로 만들어라

마지막 단계는 실행이다. 많은 사람들이 좋은 아이디어를 떠올리지만, 그것을 실현하는 과정에서 실패한다. 실행력이 부족하기 때문이다.

아이디어를 현실로 만들기 위해서는 작은 것부터 실행하는 습관이 필요하다. '완벽한 기획'을 만든 후 실행하는 것이 아니라, 작은 프로토타입을 만들어보고 피드백을 받는 방식으로 실행력을 높일 수 있다.

테슬라의 일론 머스크는 로켓 개발을 할 때 처음부터 완벽한 모델을 만들려 하지 않았다. 그는 작은 테스트를 반복하며 개선하는 방식으로 혁신을 이루어냈다. 이는 실행이 단순한 마무리 단계가 아니라, 창의적인 사고 과정의 일부임을 보여준다.

버퍼링 순간은 단순한 멈춤이 아니다. 더 나은 아이디어를 위한 기초 과정이다. 이 순간을 효과적으로 활용하기 위해서는 SCORE 프레임워크를 적용해야 한다. 관찰 → 제약 → 재구성 → 연결 → 실행의 과정을 반복하며 사고를 확장할 때, 우리는 단순한 문제 해결이 아니라 혁신적인 과정을 경험하게 될 것이다.

다음 장에서는 버퍼링 씽킹을 창의적 사고로 전환하기 위한 구체적인 방법을 단계별로 탐구할 것이다. 이를 위해 각 단계에서 적용할 수 있는 실질적인 훈련법을 제시하고, 실제 사례와 함께 효과적으로 활용하는 방법을 설명할 것이다. 이제는 실전이다. 다음 장부터 소개될 버퍼링 씽킹을 활용한 훈련법을 직접 적용해 보자. 이 책을 읽고 있는 동안, 당신의 사고 방식도 점점 변화하고 있을 것이다. 버퍼링 순간을 불안해하지 말고, 오히려 생각을 훈련하는 시간으로 만들어보자. 그 시작은 첫 번째 훈련 단계인 '관찰(sense)'이다.

1

버퍼링 씽킹
1단계

관찰하라,
창의력은 감각에서
시작된다

#SENSE

요즘 머릿속이 멈춘 듯 답답할 때가 있는가?
새로운 아이디어는 없고 같은 결론만 떠오른다면,
우리는 익숙한 틀에 갇혀 있을지도 모른다.

눈이라는 감각의 덫,
즉 관찰의 오류에 빠져 있지 않은지 점검해 보자.

01
눈이 착각하는 순간,
진짜를 찾아라

여기 한 가여운 현대인이 있다. AI 프로그램을 활용하기 시작하면서 새로운 아이디어를 만들어 내기가 오히려 더 어려워졌다. 매일 머리를 짜내며 다양한 AI 툴을 사용해 보지만, 정작 만족스러운 결과물을 얻지 못했다. 이번엔 꼭 달라야 한다는 마음으로 다시 시도한다.

'자, 이번엔 AI와 함께 새로운 방식으로 상상해 보자! 어떤 아이디어를 만들어낼 수 있을까?'

그러나 이 불굴의 현대인은 이번에도 원하는 결과를 얻기 어려울 가능성이 크다. 그 이유는 인간이 가진 고유한 인지적 특성을 간과했기 때문이다. 많은 사람들이 AI를 활용할 때 흔히 빠지는 함정이 있다. 바로 AI의 결과물에만 의존하며 자신의 상상력을 가동하지 않거나, 가동한다 하더라도 필요한 과정은 무시한 채 바로 상상해버린다는 점이다. 물론 AI는 강력한 도구이고 상상력은 창의적 사고의 핵심이지만, 그 전에 반드시 선행되어야 할 것이 있다.

그것은 바로 '관찰'이다. 관찰 없이 AI의 결과물이나 자신의 상상력만을 믿고 기획을 시작하면, 우리의 뇌는 착각과 편견으로 가득 찬 결론을 사실로 받아들이는 실수를 저지를 수 있다. 과연 당신 눈에 보이는 것을 100% 신뢰할 수 있는가? 뇌의 한계를 이해한다면, 단순한 시각 정보를 그대로 믿는 것이 얼마나 위험한지 깨닫게 될 것이다.

둘 중 어떤 테이블의 크기가 더 클까?

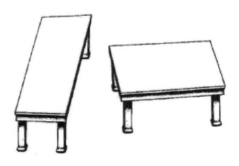

위 그림에는 두 개의 테이블이 그려져 있다. 하나는 세로로 길쭉하고, 다른 하나는 가로로 넓적한 모양이다. 한눈에 딱 봐도 폭과 너비가 다른 테이블이다. 둘 중 어떤 테이블의 크기가 더 클까?

이 그림은 그 유명한 로저 셰퍼드(Roger Shepard)의 착시 중 하나인 셰퍼드 테이블이다. 착시라는 말을 들은 독자들은 이미 눈치를 챘을 것이다. 믿기지 않지만 두 테이블의 크기는 똑같다. 심지어 모양도 똑같다. 그런데 이미 정답을 알고 봐도 테이블의 크기나 모양도 도저히 같아 보이지 않는다. 정 못 믿겠으면 이 그림을 잘라 보시라. 테이블의 다리를 자른 뒤에 하나의 사각형을 90도만 돌려서 다른 사각형에 갖다 대면 신기하게도 일치하는 걸 확인할 수 있을 것이다.

아무리 확실한 증거를 들고 와도 여전히 두 사각형의 모양과 크기는 다르게 보인다. 우리 눈이 이상한 걸까? 아니다. 눈은 죄가 없다. 굳이 잘못을 찾자면 뇌가 그림을 그렇게 해석했기 때문이다.

2016년 '올해의 베스트 착시효과'에서 1위를 차지한 일본 메이지 대학 스기하라 고키치(Sugihara Kokichi) 교수의 '모호한 실린더 착시' 영상(42쪽, 좌측 사진)은 한때 다양한 플랫폼에서 화제

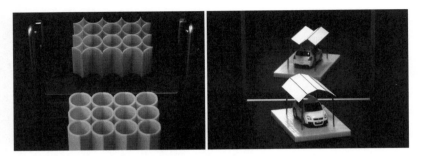

'모호한 실린더 착시' 영상(좌)과 '변신하는 차고 지붕'(우) (출처: 스기하라 고키치 교수 홈페이지)

가 되기도 했었다. 기둥 상단 면에 특별한 곡률을 설계하여 각도에 따라 모양이 다르게 인식되도록 만든 작품이다. 두 눈을 부릅뜨고 똑바로 보고 있는데도, 사각기둥이 거울 앞에서 원기둥이 되고, 원기둥이 거울 앞에서 사각기둥으로 보이니, 시각과 인지에 대한 믿음이 혼란에 휩싸인다.

변신하는 차고 지붕(우측 사진) 역시 같은 방식으로 우리의 뇌를 속인다.

앞에서 소개한 셰퍼드 테이블 착시 또한 마찬가지. 평평한 사각형에 다리를 그려 넣는 순간 뇌는 이것을 삼차원의 공간으로 해석한다. 그리고 익히 알고 있는 원근법에 의해 세로로 세운 테이블은 먼 곳까지 연결된 긴 사각형으로, 가로로 누운 테이블은 가깝고 짧은 사각형으로 인식한다. 그동안 상판 밑에 길쭉한 다리가 있는 것은 입체적인 사물이었다. 그리고 웬만한 사물들은 먼 곳에 있는 것은 작게 보이고, 가까운 곳에 있는 것은 크게 보였다. 그 법칙을 벗어나는 것은 거의 없었다.

'눈은 믿을 수 없어. 보통 이렇게 생긴 것들은 원근법을 적용해야 해!' 망막이 전달해 준 정확한 사각형의 정보에는 관심조차 없는 뇌다.

이것이 바로 우리의 뇌가 세상을 살아가는 방식이었다. 딱딱한 두개골 안에 갇혀 모든 것을 판단하고 결정해야 했던 뇌였다. 뇌가 부족한 정보를 가지고 험한 인생을 살아가기 위한 생존 비법이라고나 할까?

그간의 경험을 통해 얻은 지식을 하나하나 의심하고 확인하려면 너무 많은 에너지가 소모될 것이고, 위험에 처할 확률도 높아질 것이다. 살아남기 위해서는 시간 절약이 필수다. 그렇게 눈이 시각 정보를 받아들이는 동시에 뇌는 판단을 내린다.

"내가 분명히 봤어!"
"확실히 다르게 보였어."

우리는 이것을 '관찰'이라고 말하곤 했다. 하지만 지금의 우리는 그동안 보던 방식과 다르게 세상을 보라고 요구받는다. 그런데 이게 참 쉽지 않다.

좋은 관찰을 위한 첫걸음은 무엇일까? 과학적 방법론을 철저하게 적용하는 인지심리학은 이렇게 답한다. 관찰 가능하고 측정 가능한 정보를 객관적으로 수집해야 한다고. 아이디어도 마찬가지다. 세상에 없는 남다른 아이디어를 원한다면, 내 시선과 다른 수많은 시선이 존재한다는 겸손한 마음으로 접근하는 게 그 시작이다.

자, 그럼 프로젝트라는 큰 산 앞에 다시 서 보자. 가장 먼저 해야 할 것은 내가 보고 있는 것이, 내가 알고 있는 것이 틀릴 수도 있다고 겸손하게 생각하고, 우리는 늘 보고 싶은 것만 보는 존재라는 걸 깨닫는 일이다.

뇌를 리부팅하는 인지심리학적 TIP

▶▶ 우리 뇌는 가끔 착각을 한다는 것을 받아들이세요.
▶▶ 내가 본 것이 틀릴 수도 있다는 것을 인정하세요.

02
판단의 덫에서 벗어나라

상상력을 바로 가동시키기 전에 제대로 관찰하라는 조언에 따라 프로젝트 앞에 선 당신. 그렇다면, 관찰은 대체 어떻게 해야 하는 것일까? 아이디어 도출 과정에서 관찰의 역할은 상대적으로 등한시되어 온 게 사실이다. 관찰이 중요하다고 아무리 강조해도 많은 사람들이 그 중요성을 낮게 평가하곤 했다. 하물며 관찰하는 법에 대해 정식으로 배워본 적도 없으니 말이다.

"관찰? 그냥 눈으로 보면 되는 거 아닌가요?"

많은 사람들이 이렇게 생각한다. 맞는 말이다. 두 눈이 달려 있는 사람이라면 누구나 할 수 있는 게 관찰이다. 솔직히 인지심리학을 전공하는 학자들도 관찰의 중요성을 간과하곤 한다. 이론을 검증하는 여타의 학문적 행위는 과학적이고 분석적이지만, 아무래도 관찰은 주관적인 행위라는 생각이 알게 모르게 우리 가운데 자리잡고 있는지도 모른다. 그렇게 관찰은 학문 탐구의 과정에서도 소외되어 왔다.

하지만 관찰은 그리 가볍게 넘어갈 단계가 아니다. 아프리카 침팬지 연구로 동물 행동학의 혁명을 일으킨 제인 구달(Jane Goodall)을 생각해 보자. 그녀는 대상을 꾸준히 오랜 시간 잘 관찰하는 것만으로도 학계에 놀라운 결과를 발표했다. 기존의 연구자들이 실험실의 환경에서 동물을 연구한 것과는 대조적으로 구달은 10여 년간 곰베 국립공원에서 침팬지와 함께 생활하며 그들의 삶을 깊이 있게 관찰하였다. 그저 먼 발치에서 바라본 것이 아니라 침팬지의 생활 속으로 들어가서 소위 날 것 그대로의 행동을 관찰한 것이다.

동물학자이자 《요리 본능》의 저자인 리처드 랭엄(Richard Wrangham)도 마찬가지였다. 그는 불로 익힌 고기가 인간의 뇌 발달에 미치는 영향을 확인하기 위해, 곰베 국립공원에 들어가서 침팬지들처럼 날고기를 먹어보기도 하였다. 이걸 직접 경험한 덕분에 인간이 불을 통해 효율적인 영양 섭취 방식을 채택함으로써 뇌가 발달하고 사회적·인지적 능력이 강화되었다는 그의 주장은 훨씬 더 탄탄해질 수 있었다.

아동 연령에 따른 인지발달이론을 창시한 심리학자 장 피아제(Jean Piaget)도 마찬가지. 그의 연구의 상당 부분은 아동의 일상을 관찰하는 행동이었다. 인위적인 조건을 설정하기보다는 탁아소나 유치원과 같은 자연스러운 환경에서 아이가 어떻게 문제를 해결하고, 질문에 대답하며, 새로운 정보를 처리하는지 탐구했다.

비단 학문 분야만이 아니다. 비즈니스나 제품 개발을 위해서도 정확하고 풍부한 관찰이 뒷받침되어야 한다. 창의적인 아이디어는 어느 날 갑자기 툭 떨어지는 열매가 아니라, 잘 다져진 땅 위에 어렵게 피어난 푸른 싹과 같다. 뿌리를 내리고 싹이 움트는 흙의 역할을 하는 것이 바로 좋은 관찰이다.

관찰은 무엇일까? 말 그대로 보는 행위 그 자체다. 그런데 그냥 본다는 게 도통 쉽지 않다. 대상을 관찰하는 아주 짧은 순간에도 우리 뇌는 실시간으로 평가를 하거나 선택하기 때문이다.

A: 너 그 차 봤어?

B: 어어, 멋지더라.

C: 그래? 난 생각보다 별로던데?

이 짧은 대화만 봐도 그렇다. '그 차를 보았느냐'는 질문에 관찰에 관련된 답변을 하려면 차의 크기나 색깔, 광택과 같은 있는 그대로의 묘사가 나와야 한다. 하지만 우리는 차를 보는 순간 '괜찮은데?' 혹은 '별거 없네' 등의 평가를 한다. 내가 원래 알고 있던 정보와 경험, 어느 순간 깊게 뿌리박힌 편견이 실시간으로 관찰을 방해했다는 증거다.

사물을 보았을 때 평가나 판단까지 가지 않더라도 원래 알던 것들이 연상되는 경우도 많다. 문제를 해결할 때도 마찬가지다. 우리 팀의 매출이 하락했을 때 기존의 경험을 바탕으로 매출 하락은 경쟁 제품 때문이라고 관성적으로 판단한다면 진짜 원인을 찾지 못할 수 있다. 경쟁 제품 때문이라는 증거 찾기에만 몰두하게 만들기 때문이다. 하지만 실제 문제는 시장의 변화, 주 소비층의 이동, 서비스, 맛, 기업 이미지와 같은 다양한 원인이 숨어 있을 수도 있다.

전형적인 '확증편향의 오류'다. 자신의 입맛에 맞는 것만 찾으려 하고 나머지는 보지 않으려는 현상을 말한다. 무엇과 비슷하다고 느끼는 순간, 우리의 생각은 자연스럽게 그 방향으로 이어지는 것이다. 한번 방향을 정해 버리면 다른 가능성은 차단하기 쉽다.

또한 사물을 보자마자 순간적으로 비슷하다고 느끼는 것은 '표면적 유사성'일 경우가 많다. 사물의 유사성을 발견하는 것은 창의적인 생각을 도출하는 중요한 핵심이지만 그저 겉모습이 비슷한 표면적 유사성은 창의와는 상관이 없다는 것이 문제다.

정말 창의적인 생각을 도출하고 싶다면 '구조적 유사성'을 찾아야 한다. 구조적 유사성은 표면적으로는 다르게 보이는 대상이 동일한 원리를 공유하거나 비슷한 방식으로 작동한다는 것을 인식할 때 발견할 수 있다. 정보 처리 방식이 유사한 뇌의 신경망을 AI와 연결시키거나 기능적으로 닮은 심장과 펌프, 유체 속에서 이동하는 구조적 원리가 닮은 항공기와 물고기 등을 비슷하다고 보는 것이다. 이들은 표면적인 생김새는 전혀 다르지만 근본적인 작동 원리는 비슷하다. 이런 구조적 유사성을 찾아 다양한 분야와 연결한다면 문제를 해결할 수 있는 가능성은 커진다.

뇌를 리부팅하는 인지심리학적 TIP

▶▶ 일단, 판단과 평가를 멈추세요

▶▶ 비교하고 분석하기 전에 기술하고 묘사하세요.

표면적 유사성　　　　　　　　구조적 유사성

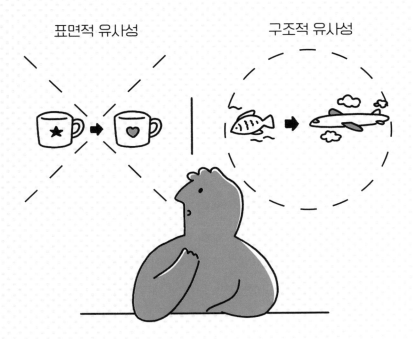

창의적인 결과물을 도출하고 싶다면?
구조적 유사성에 집중하라!

03
눈이 아니라, 뇌로 보라

관찰력을 높이기 위해 우리는 어떤 노력을 해야 할까? 관찰력을 기르기 위해서는 우리가 당연하다고 여기는 사고방식을 버리고, 익숙한 루틴에서 벗어나야 한다. 고정관념이란 마치 느려진 인터넷 속도처럼 우리의 사고를 제한하며, 새로운 아이디어가 흐르는 것을 막는다. 이런 버퍼링 상태를 긍정적으로 활용하려면 익숙한 것을 새로운 시각으로 바라보고, 때로는 일상을 멈추고 다른 길로 걸어보는 용기가 필요하다. 다르게 봐야 다르게 보인다.

매일 걷던 길에서 간판의 색을 유심히 살펴보거나, 같은 카페에서 늘 마시던 메뉴 대신 새로운 음료를 선택해 보는 작은 변화가 그 시작이다. 우리가 놓치고 있는 일상의 디테일 속에는 이미 수많은 창의적인 아이디어가 숨어 있다.

창의적인 아이디어는 특출난 사람들의 전유물이 아니다. 나를 둘러싼 환경을 바꾸는 것만으로도 충분히 다른 결과물을 낼 수 있다. 다른 사람들과 차별화할 수 있는 관찰의 방법을 알아보자.

1. 오감을 충분히 이용하라

러쉬 매장은 반경 10m 앞에서도 강렬한 향이 먼저 느껴진다. 스타벅스도 커피 향을 최대한 자연스럽게 퍼뜨리기 위해 매장에서 뜨거운 음식 조리를 줄였다고 알려져 있다. 아이폰은 손에 쥐었을 때의 부드럽고 매끄러운 느낌에 신경을 쓰고 고급 자동차 브랜드는 엔진 소리를 브랜드 정체성의 중요한 요소로 활용한다.

눈으로 보는 것만 관찰이라고 생각하는 경우가 많다. 그러나 제대로 관찰하려면 오감을 모두 이용해야 한다. 오감은 말 그대로 인간이 가지고 있는 다섯 가지의 감각이다. 인간이 외부 세계를 감각하고 인지하려면 다섯 가지의 감각이 모두 필요하다. 우리의 모든 감각이 통합된 관찰이야말로 경험으로 깨달은 '직관'의 논리적 통찰일 것이다. 우리가 모르는 사이에 시각, 청각, 후각, 촉각, 미각은 상호 보완적으로 작용하여 주변 세계에 대한 정보를 뇌에 전달하고 있다. 의식적으로 나의 모든 감각을 활짝 열어 관찰하기 위해 애써 보자.

귀를 열고 주파수, 환경 소음, 음악, 언어를 감각해 보자. 특별히 강조하고 싶은 것은 촉각이다. 관찰 대상을 실제로 만져보는 것은 꼭 필요하다. 피부를 통해 느끼는 온도와 압력, 질감은 내가 눈으로 보고 예상했던 것과 다른 경우가 상당히 많기 때문이다.

전기자동차는 회생 제동 기능을 통해 가속 페달에서 발을 떼면 차량이 감속되며, 이로 인해 브레이크 사용 빈도가 줄어든다. 하지만 회생 제동에 익숙하지 않은 운전자는 처음에 감속 패턴에 적응하기까지 불편하거나 위험한 상황이 벌어질 수도 있다. 이를 방지하기 위해 가속 페달에서 미세한 저항감을 느끼게 촉각 피드백을 제공하기 위한 연구가 이루어지고 있다. 또한 자율주행모드에서는 차선 이탈과 같은 위험한 상황에서 운전대에 미세 진동을 일으켜 운전자에게 경고를 주기도 한다. 이러한 촉각 경고는 운전자가 즉각적으로 상황을 인지하고 대응할 수 있게 도와준다.

후각의 영향도 관과해서는 안 된다. 후각은 기억을 강렬하게 상기시키는 독특한 힘을 가지는데, 이를 '프루스트 효과(Proust Effect)'라고 부른다. 마르셀 프루스트(Marcel Proust)의 소설 《잃어버린 시간을 찾아서》에서는 주인공이 마들렌 과자를 차에 적셔 먹다가 어린 시절의 기억이 갑자기 생생하게 떠오르는 것을 경험한다. 후각은 감정을 담당하는 변연계와 직접 연결되어 있으며, 후각을 통해 느낀 기억은 뇌 속의 편도체와 해마에 저장되어 다른 감각에 비해 더 오래 저장되고 생생하게 떠오르기도 한다.

싱가포르에 본사를 둔 향기 마케팅 및 향수 디자인 회사 올센스(AllSense)에서 개발한 스니피 마켓(Sniffy Market)은 비디오 장치에서 특정 제품의 향이 자동으로 분사되는 기기다. 포장만 보고 제품의 맛이나 향을 알기 힘든데, 이 기기를 이용하면 향을 직접 체험할 수 있다. 게다가 이 기기의 특징 중 하나는 제품의 향기를 맡는 고객의 얼굴 표정 또한 카메라로 캡처할 수 있다는 것이다. 향수, 향신료, 커피와 같은 제품뿐 아니라 호텔이나 쇼룸 같은 공간에서도 적용이 가능할 것으로 보인다.

비슷한 맥락으로 이미 1949년부터 일본의 한 비누 회사는 신문 광고에 비누 향을 입혀 출간하기도 했었다. 획기적인 시도였지만 기술적 한계로 당시엔 큰 효과를 보지는 못했다고 한다. 그러나 최근 하퍼콜린스 출판사는 독자들에게 새로운 경험을 제공하기 위해 향기 나는 광고판을 설치한 적 있고, 많은 의류 브랜드는 모든 매장 내에서 고유한 향이 퍼지도록 하여 향기와 브랜드가 동일시되게 유도한다. 반면 애플 스토어는 자연스럽게 느껴지는 미세한 향도 차단하여 다른 방해 없이 제품의 새로움에 집중할 수 있게 하였다.

2. 깊게, 여러 번 관찰하라

하버드의 어느 예술학과 수업이다. 교수는 학생들에게 그림한 점을 보여 주더니 세 시간 동안 그 그림을 보라고 한다. 다른 지시 사항은 없다. 그냥 보는 것이다. 아무것도 하지 않고 그림만 봐야 한다니, 학생들로서는 여간 힘들고 고통스러운 게 아니다. 울며 겨자 먹기로 수업을 듣던 학생들은 지루함을 이기지못한 별별 방식으로 그림을 보게 되었다. 앉아서 보고, 누워서보고, 뛰면서도 보고, 현미경을 들이대듯 가까이에서도 보고 뒤로 한참을 걸어가서 멀리서 보기도 한다. 슬쩍 그 앞을 지나치면서도 보고 심지어는 물구나무서기를 한 채 본다.

그런데 그렇게 오랫동안 그림을 관찰하면 생각보다 다양한것이 보인다고 한다. 처음에는 보이지 않았던 것이 한 시간 뒤에 나타나기도 하고 가까이에서는 잘 보이지 않았던 게 멀리서 봤을 때 커다란 형상이 되어 다가오기도 한다.

맥도날드는 매장에 온 아이들과 부모들의 행동 패턴을 다각도로 관찰한 끝에 장난감이 포함된 '해피밀 세트'를 기획했고, 그 덕분에 아이와 부모 모두 훨씬 더 편하게 음식을 먹을 수 있었다. 카카오 택시는 소비자뿐 아니라 택시 운전기사들의 나이와 운전 습관, 디지털 적응력, 운전 중 스마트폰의 터치 경험과 안전 상황을 다각도로 관찰하여 애플리케이션을 만들었다.

2015년에 설립된 국내 기업 트릿지(Tridge)는 전 세계 유일의 농수축산물 무역 거래 플랫폼을 운영하는 스타트업으로, 국내 최초로 농식품 분야에서 유니콘 기업에 등극했다. 농수축산물 무역은 표면적으로는 단순해 보이지만 실제로는 매우 복잡하고 도전적인 분야로 손꼽힌다. 같은 사과라고 해도 국가별로 선호하는 품종이 다르며, 예기치 않은 자연 재해로 흉작이라도 발생하면 즉각 대체할 만한 다른 거래선을 찾는 것이 아예 불가능하기 때문이다.

트릿지의 창업자 신호식 대표는 공학도 출신으로 예전에 광물 거래를 담당할 때 거래처의 변심으로 큰 어려움을 겪은 경험이 있었다고 한다. 그래서 그는 IT 지식을 활용하여 단순한 플랫폼을 만드는 것을 넘어, 농수축산물의 거래 방식을 깊이 있게 관찰하기 시작했다. 예를 들어 국내에 수입되는 대부분의 키위는 뉴질랜드산이어서 현지 상황에 따라 키위 가격이 출렁이곤 하는데, 트릿지는 유럽의 대표적인 키위 생산국인 그리스산 키위로 눈을 돌려 국내 시장에 대거 들여온 것이다.

트릿지는 원산지별 전문가를 섭외하여 매일 정보를 자사의 플랫폼에 업데이트하고, 이를 통해 이마트, 월마트 등 다양한 업체에 정보를 제공하고 있다. 트릿지의 성장은 방대한 데이터와 이를 통해 이루어지는 깊이 있고 꾸준한 관찰에서 비롯되었다고 볼 수 있다.

이처럼 관찰해야 할 대상이 있다면 여러 번 보자. 어제도 보고, 오늘도 보고, 내일도 보자. 특히 변동이 잦거나 환경에 따라 변화가 많은 대상이라면 어제와 오늘, 그리고 내일의 모습이 다를 수 있기에 더욱 꾸준한 관찰이 중요하다. 이렇게 반복하여 관찰하다 보면 이전에는 보이지 않던 패턴이나 미묘한 변화가 드러나고 축적된 데이터에서는 깊이 있는 통찰이 나온다. 일회성이 아닌 지속적인 관찰과 빠른 정보 업데이트는 비즈니스의 경쟁력을 만드는 핵심 요소이기도 하다.

3. 대상을 쪼개어 관찰하라

레고는 원래 어린이를 위한 장난감으로 알려져 있지만 블록이라는 요소를 연령대별로, 취미별로 나눠서 관찰하자 그동안 간과했던 성인 취미 시장을 발견할 수 있었다. 다이슨은 일반적인 진공청소기의 구성요소를 하나하나 분해해 공기 흐름과 먼지 흡입 과정의 문제를 발견하고 이를 해결하는 사이클론 방식이라는 기술을 개발했다.

대상을 반드시 통째로 볼 필요는 없다. 머릿속에서 칼을 하나 꺼내어 관찰할 대상을 조각해 보자. 세로로 잘라보고 가로로 잘라보고 대각선으로도 잘라보자. 열 개의 조각으로 나눠 보고 동그랗게도 잘라보고 해체하기도 하면서 다양한 방식으로 떼내어 생각하자. 아마 내가 놓쳤던 것들이 보일 것이다.

미국의 뷰티 브랜드 글로우 레시피(Glow Recipe)는 대상을 세심하게 쪼개어 관찰하고 그에 맞춰 전략을 구체화한 예시다. 글로우 레시피는 로레알에서 근무하며 한국과 미국의 뷰티 제품을 경험한 사라 리(Sarah Lee)와 크리스틴 장(Christine Jang)이 창업한 기업으로 미국 뉴욕에서 출발한 K-뷰티 브랜드다. 그러나 한국에서 인기 있는 K-뷰티 제품의 특성을 그대로 미국에 들여오기보다는 미국 시장과 소비자의 특성을 세밀하게 분석하고 이를 반영하여 차별화된 브랜드로 자리 잡았다.

이들은 미국 소비자의 선호도와 문화에 맞춰 스킨케어 루틴을 간편화했다. 한국에서는 화장품을 여러 단계에 걸쳐 꼼꼼하게 바르지만, 이건 미국 소비자들에게 자칫 복잡하고 부담스럽게 느껴질 수 있다. 그래서 글로우 레시피는 간편하면서도 효과적인 제품을 제안해서 스킨케어 루틴의 진입 장벽을 낮췄다. 또한 한국에서 유행하는 마유나 달팽이 크림과 같은 동물성 원료를 추출한 화장품은 동물 보호를 중요하게 생각하는 미국 트렌드에는 맞지 않다는 것을 고려하여 과일 성분을 사용해 차별화했다.

미국은 한국과 달리 다양한 인종과 피부톤이 혼재하는 나라다. 그래서 제품 효과를 보정 없이 보여주어 누구나 쉽게 접근할 수 있는 브랜드 이미지를 구축했다.

단순히 제품이 좋다고 하여 성공할 수 있는 것이 아니다. 대상을 다각도로 쪼개어 관찰하고 이해하는 과정에서 얻은 통찰을 바탕으로 전략을 세우는 것이 중요하다. 글로우 레시피는 한국 화장품이라는 큰 틀을 여러 세부 요소로 나눠서 살폈다. 한국 스킨케어 루틴의 복잡성, 미국의 다양한 인종적 특성, 그리고 동물 보호에 대한 가치관 등 여러 요소를 개별적으로 고려한 덕분에 미국 시장에 최적화된 제품을 개발할 수 있었다. 소비자의 필요와 기대에 맞추고 싶은가? 꼼꼼히 관찰하고 쪼개어 보

라. 독창적이고 강력한 전략을 수립할 수 있을 것이다.

4. 주변 환경도 관찰하라

관찰하려는 대상이 주변 환경과 완전히 동떨어져 있는 것이 관찰하기에 가장 좋은 조건이다. 우리 뇌는 배경과 연결하여 판단하고 평가를 내리기 때문이다. 주변의 색깔, 온도, 소리, 분위기에 따라 관찰 대상의 쓰임과 목적을 추론하고 만다. 이는 창의적인 생각이 확장될 수 있는 기회를 막는다.

하지만 실제로는 불가능한 일이다. 우리가 관찰해야 하는 대상은 외부 요소를 완벽하게 제거한 실험실에만 존재하는 게 아니기 때문이다. 그게 무엇이 됐든 대부분의 경우 환경과 분리할 수 없을 것이다.

그렇다면 어쩔 수 없다. 환경도 잘 관찰해야 한다. 이 대상이 지금 어떤 환경에 처해 있는지 그대로 기술하는 것이다. 다른 환경에 있는 상황도 상상해 보자. 만약 바뀐 환경에서도 관찰할 수 있다면 내가 본 것이 대상 자체의 특성인지, 아니면 환경의 영향인지 또한 구분할 수 있다.

엔비디아(NVIDIA)의 CEO 잰슨 황은 본사를 건축할 때 엘리

베이터 설치를 최소화하는 독특한 설계 방식을 채택했다. 대신 엔비디아의 본사는 계단에서 개발자들이 오가며 자연스럽게 마주치고 대화할 수 있는 공간으로 설계되어 있다. 잭슨 황이 관찰했을 때 개발자들은 업무에 몰두하여 개인 작업에만 집중하는 성향이 강했다. 이러한 공간 설계로 직원들이 오며가며 자연스럽게 마주치고 간단한 대화를 나눌 수 있는 환경을 제공했다. 이 과정에서 예기치 못한 협업과 창의적인 아이디어가 자연스럽게 탄생했다. 이러한 환경 구축은 동선의 효율성만을 고려한 것이 아니라 개개인의 업무 스타일과 주변 환경을 함께 관찰했기 때문에 가능했다. 직원들이 어떻게 협력하고 아이디어를 교환할 수 있는지에 대한 깊은 관찰이 혁신적인 환경을 만들어 낸 셈이다.

스타벅스가 완전히 장악한 듯 보이는 커피 시장에서도 지속적으로 새로운 시도가 이루어지고 있다. 2020년 미국 뉴욕 브루클린에서 시작한 블랭크 스트리트 커피(Blank Street Coffee)를 살펴보자. 이 기업은 대규모 투자나 고도화된 기술 없이도 시장 상황을 주의 깊게 관찰하고 분석해 고객이 필요로 하는 요소를 정확히 반영함으로써 안정적으로 자리를 잡았다. 이들은 약 $46m^2$(14평) 크기의 작은 매장을 운영해 임대료를 절감하고 한두 명의 직원만으로 운영할 수 있는 구조로 단순화해서 인건비를 최소화했다. 자동화된 커피 기계를 사용해 주문을 처리하면서도 품질을 일정하게 유지해 바쁜 출퇴근 시간대의 수요를 효과적으로 공략하였다. 또 모바일 주문과 터치리스 결제를 통해 고객이 신속하고 편리하게 주문할 수 있게 하였는데, 이는 코로나 이후 더욱 중요하게 생각하게 된 비대면 요소를 극대화한 전략이었다. 무엇보다 블랭크 스트리트는 스타벅스보다 약 25% 저렴한 가격에 커피를 제공하여 '합리적 가격에 괜찮은 품질의 커피'라는 경쟁력을 확보할 수 있었다. 이는 특별히 신선하거나 혁신적인 전략을 채택한 것은 아니지만, 시장 환경과 경쟁사를 꼼꼼하게 관찰하여 경쟁 우위를 확보한 사례라고 할 수 있다. 현재 시장의 흐름과 소비자 요구를 주의 깊게 관찰하고 분석한 결과, 비용의 효율성을 극대화하고 편리함을 제공하는 전략을 채택할 수 있었다.

세상 그 무엇도 완벽하게 단독으로 존재하지는 않는다. 환경이 바뀌면 나의 관찰과 기술 내용도 바뀔 수밖에 없다. 이때엔 연관성을 확실하게 표현해 주는 것도 방법이다.

뇌를 리부팅하는 인지심리학적 TIP

▶▶ 보고, 듣고, 만지고, 냄새 맡고 맛보세요.
▶▶ 다양한 각도로 여러 차례 관찰하세요.
▶▶ 대상을 환경에서 완벽히 분리시킬 수 없다면 환경도 함께 관찰하세요.

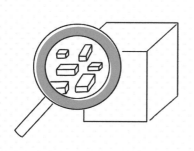

오감으로 깊이 보고,
세밀히 나누며 환경까지 함께 관찰하라!

04
맥락이 답이다: 숨겨진 단서를 찾아라!

눈에 보이는 것이 다는 아니다. 가끔 진짜 중요한 메시지는 숨겨져 있을 때가 많다. 우리는 그것을 맥락이라고 말하기도 하고, 행간을 읽는다고 말하기도 한다.

그렇다면 전달되지 않은 메시지를 어떻게 찾아낼 것인가? 관찰의 폭을 넓힐 필요가 있다. 환경과 배경, 뉘앙스, 백그라운드 정보 등 모두 관찰의 재료가 된다는 것을 기억하자.

교회를 다니지 않는 사람들에게도 '다윗과 골리앗'의 이야기는 익숙하다. 수많은 화가들이 이 극적인 장면을 화폭에 남겼을 뿐 아니라 차이가 큰 상대와의 불공평한 대결을 두고 관용적 표현처럼 '다윗과 골리앗의 싸움'이라고 부르기도 한다.

다윗과 골리앗의 일화는 《구약성경》〈사무엘기〉에 나온다. 다윗은 이스라엘의 양치기 소년이고, 골리앗은 이스라엘을 공격한 블레셋의 전사다. 골리앗은 이스라엘인들에게 두려움 그 자체였다. 그는 체격이 2m가 넘는 거인으로 유난히 강력한 힘을 자랑했고, 몸에 걸친 무거운 투구와 철갑만으로도 보는 이를 압도했다. 그를 상대할 만한 사람이 이스라엘 군사 중에 아무도 없었지만 오직 어린 다윗만이 하느님의 계시를 받고 골리앗과 맞서 싸운다. 도저히 말이 안 되는 강자와 약자의 게임. 하지만 결과는 모두의 예상과는 달랐다. 전투가 시작되자마자 다윗이 던진 조약돌은 정확히 골리앗의 이마에 날아가 박혔고, 뇌에 손상을 입은 골리앗은 그 자리에서 즉사한 것이다. 그의 거대한 몸이 쓰러지자 다윗은 달려가 목을 베기에 이른다.

종교인들은 이 이야기를 하느님의 놀라운 힘이 발현된 증거로 받아들인다. 믿음이 없는 사람들에게도 다윗이라는 특별한 용기를 지닌 인물이 현실의 역경을 극복한 감동 드라마로 여겨졌다.

그런데 최근 연구자들은 이 역사적 사건을 다르게 해석한다. 사실 이 전투는 다윗이 이길 수밖에 없는 싸움이었다고 말이다. 이 시기의 문헌을 철저하게 연구한 역사학자 로버트 도렌웬드

(Robert Dorenwend)는 다윗과 골리앗의 싸움은 칼을 든 청동기 전사와 저격수의 싸움이라고 말했다. 제아무리 거대한 전사라고 해도 45구경 자동 권총을 가진 적과의 대결에서 쉽게 이길 수 있겠는가.

실제로 성경엔 이스라엘 왕 사울이 다윗에게 훌륭한 갑옷과 칼을 선사하지만 다윗은 그 무기를 정중히 거절하는 장면이 나온다. 다윗이 선택한 무기는 모두가 잘 알고 있다시피 짱돌과 무릿매였다. 끈 안에 돌을 넣어 휘휘 돌릴 때 생기는 원심력으로 그 돌을 멀리 날려 보내는 무기다. 마치 아이들 장난감처럼 보이지만 무릿매는 엄연한 고대의 투사 병기였다. 당시에는 무릿매질로 몸에 박힌 돌을 빼낼 때 쓰는 도구가 따로 있을 정도였으니 말이다. 다윗은 200m 거리에서 달려가며 장전한 무릿매를 회전시켰다. 갑옷을 입지 않은 덕분에 속도와 기동성이 뛰어났다. 골리앗과 35m 떨어진 거리에서 돌을 날렸을 때, 날아가는 돌의 속도는 무려 초속 34m. 이 돌이 제대로 머리를 맞추기만 한다면 뇌에 치명적인 손상을 입혀 살아남는 건 불가능하다. 다윗의 직업은 목동이었고, 당시 목동들은 양들을 노리는 동물들을 쫓아내기 위해 늘 무릿매질을 하였다. 초보자에겐 정확한 조준이 어려웠겠지만 무릿매에 숙련된 청년에겐 훤히 노출되어 있는 거인의 이마를 가격하는 건 그리 놀라운 일도 아니었다.

무기의 질과 속도만 비교해도 다윗에게 유리한 싸움이었던 셈이다. 약간의 역사적 정보나 물리 법칙만 알아도 쉽게 판단할 수 있는 사실이지만 어린 시절부터 이 이야기를 접한 대부분의 사람들은 그저 신비로운 이야기로만 받아들인다. 선택받은 특별한 누군가만이 절망적인 상황을 뒤집을 수 있다고 믿는다. '응? 이거 좀 이상한데? 다시 생각해 볼까?'라고 고개를 갸웃거리는 사람은 아주 드물다. 비슷한 상황이 닥쳐왔을 때 강자와 약자는 정해져 있다고 생각하고 미리 포기했을지도 모른다.

이는 국내에서도 큰 인기를 얻고 있는 캐나다 출신의 작가 말콤 글래드웰(Malcolm Gladwell)의 저서 《다윗과 골리앗》에 등장하는 핵심 메시지다. 작은 다윗이 큰 골리앗을 물리친 것은 단순한 우연이 아니었다. 모두 불리하다고 생각한 상황이 오히려 그의 강점이 되었다. 전통적인 강함과 약함의 개념을 뒤집는 통찰임과 동시에 단순히 외형적인 수준을 넘어서서 맥락과 환경을 깊이 이해하는 관찰이 우리에게 중요한 인사이트를 제공한다는 것을 알 수 있다.

인물이 처한 주변 환경과 배경에 대한 이해가 없다면 반쪽자리 관찰에 머무르게 될지도 모르는 일이다. 어떤 사실을 제대로 찾고 싶다면 깊숙이 들어가 봐야 한다.

"말로 표현되는 고객의 니즈는 5%에 불과하다. 95%는 숨겨져 있다." 하버드 비즈니스 스쿨의 명예교수 제랄드 잘트만(Geranld Zaltman)의 말이다. 실제로 대부분의 사람들은 자신의 생각이나 욕구가 무엇인지 잘 모르고 살아간다. 그런 이들에게 질문을 던진다고 해도 정확한 대답이 나오지 않을 것이다.

그렇다면 진짜 생각이나 욕구는 어디에 있을까? 바로 잠재의식 속에 있다. 언뜻언뜻 드러나는 맥락과 문화, 행동, 상호작용을 통해 알아차려야 한다. 이때 필요한 기술이 바로 '관찰'이다.

별거 없어 보이지만 사실 당신의 아이디어는 골리앗을 무너뜨릴 엄청난 파괴력을 가지고 있을지도 모른다. 그것이 제대로 된 관찰에 기반한 것이라면 더욱 그렇다.

뇌를 리부팅하는 인지심리학적 TIP

▸▸ 길을 걸을 때 주변을 둘러보세요.
▸▸ 둘러보며 의미 있는 변화들을 하나씩 엮어보세요.
▸▸ 자신의 경험과 지식으로 맥락을 종합적으로 연결해보세요.

고객의 숨겨진 95%의 니즈를 발견하려면,
잠재의식까지 관찰하라!

05
아이디어의 흐름을 잡아내는
심리학자의 기록법

우리가 관찰을 하는 이유는 무엇인가. 그냥 잘 보고 끝낸다면 굳이 이렇게 힘들게 관찰할 필요가 없다. 다양한 방식으로 열심히 관찰을 한 까닭은 새롭고 창의적인 발상을 하기 위해서다. 관찰한 내용을 아이디어로 발전시키기 위해 꼭 필요한 것이 기록이다. 그저 장황하게 적는다고 되는 것이 아니다. 기록도 잘해야 한다.

아무리 내가 주관적인 생각과 감정을 제어한다고 해도 완벽하게 객관적으로 기술하는 것은 불가능하다. 그럼에도 불구하고 최대한 있는 그대로 서술하기 위해 노력해 보자. 여기 몇 가지 효과적인 기록 방법을 소개한다.

1. 있는 그대로 묘사하기

관찰 대상을 주관적 해석 없이 있는 그대로 기록하는 방법이다. 대상을 객관적으로 바라보면서 보이는 것, 들리는 것, 느껴지는 모든 것들을 세부적이고 사실적으로 기록한다. 관찰 대상의 특성을 어느 누가 봐도 파악할 수 있게 있는 그대로 묘사하는 게 중요하다. 이때 필요하다면 감정이나 추측은 별도로 기록한다.

나쁜 예	좋은 예
벤치에 앉아 있는 여자는 무척 외로워 보인다. 아마도 오늘 힘든 하루를 보냈을 것이다. 그녀는 우울한 눈빛으로 하늘을 바라보았고 이따금 무언가를 깊이 생각하는 것 같다. 베이지 색 코트와 붉은 스카프도 이 매서운 추위를 막을 수는 없다. 그나마 손에 들린 따뜻한 커피만이 그녀의 꽁꽁 언 마음을 위로해 주는 유일한 존재일 것이다.	흐린 하늘에 잔잔한 바람이 불고 있다. 한 여자가 벤치에 앉아 있다. 베이지색 코트를 입고, 붉은 스카프를 목에 두르고 있었다. 그녀의 왼손에는 테이크 아웃 커피잔이 들려 있고, 커피에서는 연기가 피어 오르고 있다. 그녀가 바라보는 곳은 강 건너편 나무들이 있는 쪽이다.

2. 그림으로 스케치하기

상황에 따라서는 복잡한 설명 대신 그림으로 기록하는 것도 좋은 방법이다. 특히 형상, 구조, 공간 배치 등은 쉽게 시각화할 수 있기 때문이다. 아무리 그림 실력이 뛰어난 사람이라도 짧은 시간 안에 사진을 찍듯이 대상 자체를 있는 그대로 복사하는 것은 어려운 일이다. 어떤 부분은 과감하게 생략하기도 하고, 통합하거나 형태를 변경하기도 해야 한다. 그렇게 스케치를 하다 보면 내가 중요하게 생각한 것과 그렇지 않은 것이 추출된다.

3. 반복, 또 반복하기

여러 번 반복하여 관찰하면 보이지 않던 세부 사항들이 눈에 띄게 마련이다. 처음에는 단순한 형태와 주요 특징만 보이지만, 시간이 지남에 따라 점점 더 미세한 부분까지 인식하게 된다. 마치 어두운 방에서 서서히 눈이 적응하면서 처음에는 보이지 않던 물건들이 점점 또렷이 보이는 것과 같다. 이러한 과정을 거칠 때마다 추가로 기록하고, 더 세밀하게 분석하면서 대상에 대한 이해를 깊이 쌓아간다. 이러한 반복적 관찰은 단순한 기록이 아니라 사고의 확장을 의미하며, 최종적으로 더욱 정확하고 생생한 자료를 남길 수 있도록 돕는다.

그림을 그릴 때도 마찬가지다. 처음에는 가장 먼저 눈에 들어오는 윤곽선과 형태를 가볍게 스케치하지만, 같은 대상을 두 번, 세 번 다시 그릴 때마다 그림은 점점 달라진다. 이는 대상 자체가 변화하는 것이 아니라, 관찰자의 시각이 점점 예리해지고, 손의 움직임이 더 정확해지기 때문이다. 예를 들어, 초보 화가가 나무를 처음 그릴 때는 단순한 둥치와 가지 정도만 스케치하지만, 계속 반복해서 그리다 보면 나뭇결의 질감, 잎사귀의 배치, 빛과 그림자의 흐름까지 점점 더 세밀하게 표현할 수 있게 된다. 이러한 과정은 단순히 그림 실력의 향상을 넘어서, 관찰력과 집중력을 기르는 중요한 훈련이 된다.

4. 메모하기

실시간 관찰이 필요할 때는 긴 글보다 짧고 요약된 형태로 핵심적인 포인트만 빠르게 메모하는 것이 효과적이다. 예를 들어, 여행 중 갑작스럽게 흥미로운 장면을 목격했을 때나 강연을 듣다가 중요한 내용을 놓치지 않기 위해서는 상세한 문장을 쓰기보다는 키워드나 간단한 문장으로 빠르게 적어두는 것이 유용하다. 이렇게 기록한 짧은 메모는 나중에 시간을 내어 정리하고 확장할 수 있는 밑바탕이 된다.

5. 명사 대신 형용사로 써 보기

관찰한 것을 기술할 때 의식적으로 형용사나 동사를 사용해보자. 명사는 사물이나 개념을 식별하는 품사다. 명사로 이름 붙이는 순간, 판단과 정의가 들어가게 마련이다. 반면 형용사와 동사를 사용하면 묘사 그 자체에 초점이 맞춰지며 생동감 있는 묘사나 구체적인 정보가 들어갈 것이다. '책상은 매끈하고 차가우며 의자는 푹신하고 따뜻하다'와 같이 시각, 촉각, 청각적 감각을 살려 표현할 수 있다. 품사를 바꾸는 것만으로도 생생하고 풍부한 기술이 가능해질 것이다.

뇌를 리부팅하는 인지심리학적 TIP

▶▶ 내가 관찰한 것을 노트에 옮겨보세요.
▶▶ 글을 쓸 때는 명사 대신 동사나 형용사로 써보세요.

06
관찰력을 높이는 아이디어 도출법

모든 관찰이 완벽한 기획이나 결과물로 곧바로 이어지지는 않는다. 그러나 관찰을 통해 얻은 작은 통찰들은 창의적인 아이디어의 씨앗이 될 수 있다. 이 과정을 아이디어 발현(Ideation)이라고 한다. 관찰을 바탕으로 단순한 아이디어를 도출해 내는 과정이다.

◉ **아이디어 발현(Ideation)**
- 새로운 아이디어를 발견하는 것을 말한다.
- 발생한 아이디어를 확장하고 개선하는 과정이 뒤따라야 한다.
- 다양한 창의적 기법을 통해 아이디어를 촉발할 수 있다.

⊙ 아이디어 구현(Idea Implementation)

- 아이디어를 실행 가능한 상태로 구현하는 것을 말한다.
- 구체화를 위한 리소스를 정리하고 단계별 계획을 세워야 한다.
- 일정과 인력, 비용 등 다양한 분야를 고려하여 아이디어를 실행한다.

"좋은 아이디어 없어?" "누가 아이디어 좀 내 봐"라는 말에는 두 가지가 어느 정도 섞여 있다. 일상생활에서 우리는 아이디어 발현과 아이디어 구현을 혼용하여 사용하고 있다.

'아이디어 발현'은 가능한 많은 아이디어를 창출하는 것이 목표인 작업이다. 이때는 아이디어의 품질을 평가하기보다 양과 다양성을 중시해야 한다. 창의적 발상법 등을 사용해서 생각을 확장하고 문제나 주제에 대해 여러 관점에서 접근할수록 효과적이다.

'아이디어 구현'은 아이디어 발현의 다음 단계에 해당한다. 이때는 수많은 아이디어들을 선별해야 하고 실행 가능성이 없는 것들은 과감하게 던져 버릴 줄도 알아야 한다. 현실적인 조건을 고려하여 전략을 짜고 실행 후엔 피드백과 평가를 통해 개선안을 마련해 놓는 것도 아이디어 구현에 해당한다.

지금 우리가 중점적으로 생각할 것은 아이디어 발현 과정이다. 아이디어 발현은 관찰과 함께 자동적으로 이루어지곤 한다.

창의적 발상법에서 모든 연구자들이 공통적으로 말하는 것은 '떠오르는 생각을 모두 쓰기'다. 이때 주의할 점은 고민하거나 주저하지 말고 모조리 쓰는 것이다. 이것이 관찰 직후 가장 먼저 해야 할 작업이다.

아이디어 도출에 대해 익숙하지 않은 독자들이라도 '브레인스토밍'이라는 방법을 들어본 적이 있을 것이다. 여러 조직에서 아이디어 도출을 위해 수없이 사용해 왔지만, 그만큼 잘못 쓰이기도 한 방법이다. 사전적 의미로는 여러 사람이 자유롭게 아이디어를 내고 그것을 조합하는 기법이지만, 실제로는 다수의 사람들 앞에서 나의 빈약한 생각을 자유롭게 말하는 게 참 쉽지 않다. 머릿속에 무언가 떠오르는 순간, 우리는 이렇게 생각한다.

'이거 정말 괜찮은 아이디어 맞나?'
'말했다가 괜히 창피만 당하는 거 아냐?'

우리는 스스로를 평가하고 판단하는 존재다. 가뜩이나 자체 검열로 머릿속 생각을 꺼내는 것 자체가 어려운데, 용기를 내어 한마디 했다간 주변의 핀잔과 냉담한 미소를 받기 십상이다. 이런 분위기에서는 더 이상 자유로운 아이디어 도출이 불가능하다.

하지만 아이디어 발현 단계에서는 말이 되는지 고민하지 말고 발현된 모든 생각을 꺼내 놓아야 한다. 그것이 좋은지 나쁜지, 실현 가능성이 있는지 없는지, 이미 누군가 한 것인지 아닌지 등의 평가는 나중 단계에 할 일이니까.

코미디언은 창의적인 아이디어를 얻기 위해 누구보다 몸부림치는 직업군이다. 그들은 브레인스토밍, 스토리텔링, 관찰과 분석, 상상력을 자극하는 게임 등 다양한 방법을 이용해서 아이디어를 짜낸다. 선배가 후배들에게 아이디어 도출에 관련된 멘토링을 하는 것 역시 흔히 볼 수 있는 풍경이다. 다음은 코미디언 전유성 씨가 후배들에게 가르친 방식이다. 아이디어 발현 과정의 좋은 예가 될 것으로 보여 소개하고자 한다.

step 1 아이디어 적기
여러 사람들에게 물체나 그림 등을 보여 주고 참여자에게 떠오르는 생각을 적게 한다. 이때 어떤 사람은 많은 아이디어를 쓸 수도 있고 어떤 사람은 적게 쓸 수도 있다. 그러나 상관없다. 일단 모든 것을 적을 수 있도록 한다.

step 2 아이디어 공유하기
각자 쓴 내용을 메모지에 적어 한 곳에 모아둔다. 물론 이 과정을 통해서도 그동안 생각하지 못했던 새로운 아이디어가 발현될 수 있다.

공통된 내용 제거하기

모든 아이디어를 살펴본 후, 중복되거나 공통되는 것은 제거한다. 누구나 생각할 수 있는 것은 좋은 아이디어가 아니기 때문이다. 나만 가지고 있는 것, 누구도 생각하지 못한 것이 새로운 아이디어일 가능성이 높다.

step 4 **아이디어 발굴하기**

공통적인 내용을 제거하고 남은 아이디어를 정리한다. 비슷한 것들은 조합하고, 보완이 필요한 것들은 발전시킨다. 이 과정을 통해 창의적인 생각을 구체화할 수도 있다.

여기서 중요한 것은 아이디어 도출은 반드시 혼자 해야 한다는 것이다. 브레인스토밍 과정에서 많은 조직이 놓치고 있는 맹점이기도 하다. 아무리 가까운 사람과 편안한 사람과 대화한다고 할지라도 아이디어를 꺼내는 데에는 자기 검열이 들어가게 마련이다. 상대의 반응을 살피며 '이 말을 해도 되나?'와 같은 고민으로 방해받지 않으려면 그냥 혼자 하자. 얇은 종이 위에 가급적 제약 사항 없이 떠오르는 모든 생각을 다 꺼내어 적어놓는 것이다.

기억하자. 여러 사람이 함께 머리를 모을 때의 장점이 분명히 있지만 창의적 발상의 과정은 어느 단계까지는 고독하고 외로운 싸움이어야 한다. 물론 관찰의 과정이 충분히 풍성했다면 아이디어 도출의 양과 질에서 확연한 차이가 있을 것이다.

뇌를 리부팅하는 인지심리학적 TIP

▶▶ 관찰이 끝났다면 '아이디어 발현' 단계로 연결해 보세요.

▶▶ 아이디어 도출 과정에서는 생각나는 모든 아이디어를 검열 과정 없이 꺼내보세요.

▶▶ 도출하는 과정까지는 다른 사람과 공유하지 않고 혼자 작업하세요.

아이디에이션, 고정관념을 깨고
창의력을 자유롭게 펼치는 순간!

버퍼링 타임 활용 가이드: 관찰의 기술

관찰은 누구나 할 수 있는 평범한 행위처럼 보이지만, 현대인의 머릿속을 혼란스럽게 만드는 '버퍼링 씽킹'을 활용하는 데 가장 강력한 도구가 될 수 있습니다. 생각이 멈춘 듯한 순간에도 관찰을 체계적으로 훈련한다면, 그것은 창의적 발상으로 이어질 수 있는 지름길이 됩니다.

섹션 1: 오감 훈련

① 미션 1: 나만의 관찰 노트 만들기
- 주변에서 평소 지나쳤던 사물을 하나 선택하세요.
  예: 커피잔, 책상.
- 시각 외에 촉각, 후각, 청각을 통해 그 대상을 묘사해 보세요.
- 예: "커피잔은 차가운 금속성이 느껴지고, 은은한 커피 향이 남아 있다. 손잡이는 둥글고 손에 딱 맞는다."

② 질문
- 어떤 감각이 당신에게 가장 강렬한 경험을 주었나요?
- 보이는 것과 만져본 결과가 달랐던 부분이 있었나요?

섹션 2: 맥락 관찰 실습

① 미션 2: 맥락을 읽어라
- 다음의 상황을 관찰하고 기록하세요.
- 카페에서 사람들이 사용하는 가장 흔한 물건은 무엇인가요?
- 사람들이 커피를 마시며 주로 하는 행동을 3가지 이상 관찰하세요.

- 관찰한 행동과 물건 사이의 연관성을 추론해 보세요.
- 예: "많은 사람들이 핸드폰을 만지며 커피를 마신다. 커피는 핸드폰 사용 중간의 잠깐의 쉼을 제공한다."

② **질문**
- 당신의 관찰에서 숨어 있는 패턴은 무엇인가요?
- 카페라는 환경이 사람들의 행동에 어떤 영향을 미친다고 생각하나요?

섹션 3: 관찰 결과를 창의적 아이디어로 발전시키기

① **미션 3: 새로운 아이디어 도출하기**
- 위에서 관찰한 대상을 활용해 하나의 새로운 제품이나 서비스를 제안해 보세요.
- 예: "카페에서 자주 사용되는 핸드폰을 보호하면서 동시에 커피잔을 고정할 수 있는 '폰 홀더 컵' 제작."

② **질문**
- 이 아이디어가 기존 제품과 차별화되는 점은 무엇인가요?
- 이 아이디어를 발전시키기 위해 어떤 추가 관찰이 필요하다고 생각하나요?

2 버퍼링 씽킹 2단계

제약하라, 한계가 창의력을 자극한다

만약 당신이 돈이 없고, 시간도 없고, 자원도 없다면?
축하한다. 당신은 지금 창의성 폭발 직전이다.

제약은 문제의 족쇄가 아니라, 아이디어의 촉매제다.
그러니 이제 제약을 저주하지 말고, 당신만의 무기로 만들어라.
당신의 제약이 곧 당신의 무기가 된다.

01
'아무거나'는 아무것도 아니다

"우리 이따 점심 뭐 먹을래?"
"아무거나."

"부장님, 이번 프로젝트는 주제는 어떻게 잡을까요?"
"자네 마음대로 한번 짜 보지 그래?"

'아무거나 마음대로.'

사실 일상생활에서 꽤 자주 쓰는 말이다. 때로는 선택의 여지가 없는 상황에서 사용되기도 하지만 선택의 폭이 너무 넓을 때에도 이렇게 말한다. 우리나라 사람들만 쓰는 말은 아니다. 아무거나를 영어로 번역하면 'whatever' 정도로 쓸 수 있는데, 한국인

못지않게 미국인들도 꽤 심심찮게 쓰는 표현이다. 미국뿐이겠는 가. 다양한 문화권에 있는 전 세계인들이 지금 이 순간에도 고개를 까닥이며 선심 쓰듯 '아무거나'라고 말하고 있을 것이다.

수많은 선택의 기로에서 우리가 '아무거나'를 외치는 이유는 무엇일까? 어휘가 사용될 수 있는 다양한 맥락에서 봐야 하겠지만 진심으로 상대방에게 모든 구속과 제약을 벗어난 자유를 주기 위해서 이런 말을 하는 사람은 별로 없다. 그냥 잘 모르거나 이 주제에 별 관심이 없기 때문이다. 그렇다. 만약 내가 확신을 갖고 있다면 '아무거나'라는 말은 잘 나오지 않는다.

그렇다면 이 말을 듣는 사람의 반응은 어떨까?

이 또한 상황에 따라 다르겠지만 '오예, 나에게 무한의 자유가 주어지다니, 정말 신나는데!'라고 생각하는 사람은 드물 것이다. 특히 비즈니스와 관련된 상황에서는 '아무거나'만큼 막막하고 당황스러운 일도 없다. '마음대로 해라'라고 해서 실제로 마음대로 할 수 있는 일도 없기 때문이다.

사람들은 흔히 그 어떤 제약도 없을 때 번뜩이는 아이디어가 샘솟고 창의적으로 생각할 수 있을 거라 믿는다. 그러나 실제로는 그렇지 않다. 가끔은 조건을 걸고, 한계를 지정하고, 제약을 만들어 낼 때에 세상을 놀라게 할 새로운 발상이 나오곤 한다.

창의적인 사고와 관련된 자료에서 우리는 흔히 이런 말을 사용한다.

"Think outside the box."

우리를 가두고 있는 상자를 깨고 자유롭게 생각하라는 것이다. 듣기만 해도 가슴이 웅장해진다. 무한한 가능성이 내 앞에 펼쳐져 있을 것만 같다. 그러나 완전히 무한한 가능성은 능사가 아니었다. 상자를 깨부수고 밖으로 나가서 내놓은 아이디어가 정말로 '아무거나'가 되어서 돌아오는 경우가 많기 때문이다. 틀을 벗어나라는 말은 기존에 갇힌 방식에서 벗어나 다른 관점에서도 생각해 보라는 것일 뿐, 아예 틀 자체를 없애 버리라는 게 아니다.

오히려 나는 창의성을 바라는 독자들에게 이와 같이 말해 주고 싶다.

"make a new box."

음악을 좋아하는 독자들은 이따금 공연장이나 거리에서 예정에 없던 즉흥 연주를 들은 적이 있을 것이다. 연주자들은 서로 음악적으로 대화하면서 새로운 곡을 만들어 나간다. 악보가 있는 것도 아니고 미리 연습을 한 것도 아닌데 훌륭한 하나의 곡을 완성시키다니, 범접하기 어려운 창의의 영역이 아닌가 싶다. 이들 안에서 어떤 작용이 일어나는 것일까?

그들을 인터뷰한 자료를 보면 어느 정도 그 과정을 가늠할 수 있다. 아무도 그들에게 창작을 위한 조건이나 제약을 만들어 주지 않았지만 그렇다고 연주자들은 상자 밖으로 완전히 나가 버리지 않는다. 대신 순간순간 새로운 상자를 만들어 나간다.

즉석에서 만들어진 팀이라도 주로 연주를 이끄는 리더가 존재한다. 그는 경험을 기반으로 함께 하는 악기의 종류, 공연하는 공간의 분위기, 관객들의 반응, 다른 연주자들의 스타일 등의 제약 조건 등으로 빠르게 상자를 만들어 낸다. 그리고 그 안에서 신나게 놀 수 있는 방법을 찾는다. 창의성은 이렇게 발현되는 것이다.

완전히 자유로운 조건이 아니라 지금 나를 잘 놀 수 있게 만들어 주는 딱 좋은 상자를 찾는 것. 혹시 적절한 상자가 없다면 있는 상자의 모양을 바꾸거나 새롭게 만드는 것, 제약이야말로 창의적인 사람들이 새로운 발상을 앞두고 사용하는 비밀의 열쇠라고 할 수 있다.

뇌를 리부팅하는 인지심리학적 TIP

▶▶ 어떤 제약이 우리를 창의성을 일깨워 줄 수 있을지 생각해 보세요.
▶▶ 온전히 자유로워 보이는 상황 안에도 숨어 있는 제약을 찾아보세요.

제약은 창의의 열쇠,
무한한 가능성 대신 적절한 틀을 만들어라!

02
시간도, 돈도 없다?
그때 혁신이 시작된다

거창한 기획이나 개발이 아니더라도, 우리 일상은 매 순간 선택의 연속이다. 점심 때 무엇을 먹을까? 약속 장소까지 어떤 방법으로 갈까? 다음 일정은 어떻게 소화할까? 어떤 영화를 보고 어떤 책을 읽을까? 이 사람을 만날까, 저 사람과 결혼할까…….

수많은 가능성 중에서 가장 좋은 것을 선택해야 하는 것이 어쩌면 인생일지도 모른다. 지금의 선택은 미래를 결정짓지만 대부분 우리는 현재의 상태나 경험에 근거하여 선택을 완성할 수밖에 없다. 우리 뇌는 어떤 체계를 거쳐 나에게 가장 유리한 선택에 이르게 될까?

최근 업무 때문에 서울에서 부산까지 가야 할 일이 있었다. 서울에서 부산까지 가는 방법을 주변 사람들에게 물어보니 공통적으로 몇 가지를 이야기해 주었다.

- 자동차로 운전해서 가기
- KTX나 SRT 같은 고속철도를 이용하기
- 새마을호나 무궁화호와 같은 일반 열차 이용하기
- 고속버스를 타고 가기
- 비행기를 타고 가기

이상한 일이었다. 사실 따지고 보면 서울에서 부산까지 가는 방법은 이것보다는 열 배 이상 많다. 걸어서 갈 수도 있고, 자전거로 갈 수도 있고, 오리걸음으로 가거나 배를 타고 갈 수도 있다. 제주까지 비행기를 타고 날아간 다음 배를 타고 목포로 가서 다시 버스를 갈아타고 가는 방법도 있다. 땅을 파서 가거나, 외국을 경유해서 갈 수도 있지 않은가. 하지만 약속이라도 한 듯 그러한 가능성들에 대해서는 그 누구도 언급하지 않았다.

무슨 말장난이냐고 생각하는 분도 있을 테지만 이 모든 것은 우리의 뇌가 스스로 걸어놓은 제약이라고 볼 수 있다. 세상에는 선택할 수 있는 무궁무진한 옵션들이 있지만, 우리 뇌는 목적에 부합하지 않거나 실현 가능성이 조금이라도 낮은 것들은 즉석에서 빠르게 제거해 버린다. 인지적 자원을 아끼기 위해서다.

2002년 노벨 경제학상을 수상한 심리학자이자 경제학자인 대니얼 카너먼(Daniel Kahneman)은 그의 저서 《생각에 대한 생각》에서 인간은 평소 두 가지 시스템으로 나누어 사고한다고 밝혔다. 편의상 그것을 시스템 1과 시스템 2로 나누어 생각해 보자.

　　시스템 1은 노력이 거의 들지 않은 자동적이고 빠른 사고 과정이다. 길을 걷다가 빨간 불이 켜지면 나도 모르게 발이 멈추게 되거나 모국어로 쓰인 간판을 볼 때 자동으로 그 뜻을 파악하는 것과 같다. 시스템 1이 작동되면 생각을 하기 위해 노력을 거의 하지 않는다. 즉각적이고 직관적이다.

　　시스템 2는 느린 사고에 속한다. 논리력과 분석력을 필요로 하며 많이 집중해야 하고 생각을 위해 노력해야 한다. 복잡한 수학 문제를 풀거나 운전을 처음 배울 때와 같은 상황에서 쓰인다. 깊이 생각하고 분석해야 하는 모든 중요한 결정 앞에서 사용하는 사고 체계라고 볼 수 있다.

　　시스템 1은 속도가 빠르지만 오류가 날 위험이 있고 시스템 2는 신중하고 완성도가 높지만 에너지 소모가 크다. 그리고 두 시스템은 상호 보완하며 적절하게 발동해야 한다. 창의적 발상 과정에서도 시스템 1과 2는 동시에 작용한다. 모든 아이디어를 곰곰이 평가하고 분석하며 보완할 지점은 없는지, 목적과 주제에 부합하는지 따져 보고 더 좋은 것은 없는지 꼼꼼하게 고려하

창의는 빠른 본능과 신중한 사고의 협주곡,
균형 잡힌 두 시스템이 아이디어를 빚낸다!

는 사고 체계도 있지만 아이디어를 본 즉시, "에이, 말도 안 돼" "뭐야, 위험하잖아" "너무 비싸"와 같은 반응이 나오기도 하는 것이다. 그리고 그 아이디어는 빠르게 제거된다.

인지적 자원을 효율적으로 사용하는 것은 인간의 생존 본능이다. 숨 쉴 때마다 마주하는 모든 변수와 선택의 상황에서 무한대의 에너지를 써야 한다면 목숨이 위험할지도 모르는 일이다. 그러나 경험적 지식이나 직관에 의거해 빠르게 안전한 선택만 한다면 어떻게 될까? 혁신적인 아이디어나 도전적인 투자는 절대 이루어질 수 없을 것이다. 우리가 찾는 새로운 발상은 혁신적인 동시에 현실적이어야 한다.

아이디어 창출 과정에서는 이 모든 인지적 제약을 이해할 필요가 있다. 인지적 제약은 우리의 사고 과정을 제한하는 것처럼 보이지만 이것을 잘만 활용하면 오히려 더 큰 창의성을 촉진할 수 있기 때문이다. 실제로 세계를 놀라게 한 성공적인 아이디어들은 제한된 자원이나 조건 안에서 꽃피워진 결과물인 경우가 많았다.

시간이 없고, 돈도 없고, 자원은 늘 부족한 게 우리들의 현실이다. 그러나 이 모든 제약을 우리를 가로막는 벽으로 보는 대신 창의적 도전의 기회로 받아들이는 건 어떨까?

뇌를 리부팅하는 인지심리학적 TIP

▶▶ 한 가지 물건을 여러 용도로 사용할 수 있는 아이디어를 떠올려 보세요.

▶▶ 주방에 있는 세 가지 재료만 사용하여 간단한 요리를 만들어 보세요.

03
주가드 생각법: 한계를 기회로 바꾸는 능력

한 나라의 언어는 그 나라 사람들의 오래된 생활방식과 뿌리 깊은 사고방식을 담고 있다. 그러다 보니 어떤 국가 안에서는 흔하게 쓰이는 어휘가 다른 나라 말로 번역하려면 애매하고 어렵게 느껴질 때도 있다.

인도에는 'jugaad(주가드)'라는 말이 있다. 힌두어로 '슬기로움' 혹은 '즉흥적이고 대담하게 기발한 해결책을 고안하는 능력'인데 이 용어는 인도의 사회문화와 현실을 반영한 것이다.

빈부격차가 심하고 자원의 분배가 고르지 않은 인도에서는 제한된 조건 안에서 무엇이든 해내야 하는 상황이 자주 발생한다. 이 과정에서 창의적인 발상으로 임기응변식 대처를 해야 하는 경우가 많았고, 이는 인도 사회와 비즈니스 문화에서도 중요한 가치로 자리 잡게 되었다. 예를 들어, 오토바이에 타이어가 없으면 헌 신발을 여러 개 이어 붙여서 운행을 하고, 전기가 들어오지 않으면 흙으로 만든 통에 물을 흘려 넣어 임시 냉장고를 만드는 식이다.

인도인들의 주가드를 보면 '아니 어떻게 저런 생각을 했지!' 싶은 감탄이 절로 나오는 사례들이 많다. 물론 주가드는 지속성이 부족하고 안정성이 떨어지거나 위법의 소지가 있을 때도 있다. 그러나 열악한 환경에서 살아남으려는 그들만의 독창적인 해결 방식이 실리콘밸리를 지배하는 창의성의 원동력이었을지도 모르겠다.

켄튼 리(Kenton Lee)는 케냐 나이로비 고아원에서 자원봉사 활동 중 자기 발보다 작은 신발을 찢어진 채로 신고 다니는 아이들을 보며 '자라는 신발(The Shoe That Grows)'을 개발하게 되었다. 아이들은 빠르게 성장하지만, 신발과 같은 물품 지원은 일회성에 그치는 경우가 많았다. 기부 물품이 지속적으로 오지 않으면 발을 보호할 수 없고, 이에 따른 질병 감염 위험도 커질 수밖에 없었다. 이를 해결하기 위해 켄튼 리가 고안한 신발은 연결 버튼을 통해 크기를 조절할 수 있었고, 아이들의 성장에 맞춰 최대 5년까지 사용할 수 있었다.

미국의 사회적 기업 엠브레이스(Embrace)에서 개발한 휴대용 인큐베이터(Embrace Infant Warmer) 또한 비슷한 맥락의 제품이다. 전 세계의 신생아 사망률은 여전히 높다. 매년 백만 명이 넘는 아이들이 태어나자마자 죽음을 맞이하는데 그중 98%가 개발도상국의 아이들이다. 신생아 사망의 주요 원인 중 하나는 저체온증으로, 이는 인큐베이터만 있으면 간단하게 예방할 수 있지만 경제적으로 어려운 지역에서는 인큐베이터를 설치하기 어려운 것이 현실이다. 엠브레이스의 휴대용 인큐베이터는 히터, 파우치, 침낭으로 구성된 간단한 장치로 히터나 뜨거운 물로 파우치를 데운 후 침낭 안에 넣고 아기를 눕히기만 해도 여섯 시간 동안 적절한 온도를 유지할 수 있다. 고가의 장비 없이도 25달러라는 저렴한 가격에 50회 이상 사용이 가능한 혁신적인 해결책이 된 것이다. 이 간단하면서도 혁신적인 접근은 여러 지역에서 신생아의 저체온증을 예방하여 생명을 구하는 데 도움을 주고 있다.

코로나 팬데믹에서도 주가드식 접근이 빛을 발했다. 필수 의료 장비가 부족하던 팬데믹 초기, 이탈리아와 인도에서는 마스크와 병원용 산소통을 사용하여 간이 호흡기를 만들었고, 일부 지역에서는 3D 프린팅을 활용하여 의료 장비 부품을 생산하기도 했다. 동남아시아 지역에서는 이동식 세면대를 설치하여 공공 위생을 유지하기 위한 창의적인 방안을 마련했고, 디지털 기기가 부족한 상황에서도 라디오와 TV 방송을 통해 수업을 제공하는 등 온라인 수업에 필요한 문제를 해결하기도 했다.

위의 예시들은 자원의 제약은 반드시 부정적인 요소만은 아니라는 것을 보여 준다. 오히려 주가드 정신처럼 문제를 근본적으로 해결하면서도 자원을 효율적으로 활용하는 상황에서 우리들의 창의성은 확장된다는 것을 알 수 있다.

뇌를 리부팅하는 인지심리학적 TIP

▶▶ 나에게 기회가 될 수 있는 부족함이 무엇인지 찾아 보세요.

▶▶ 버려진 물건으로 재활용할 수 있는 방법이 있을까요?

열악한 조건이 오히려 혁신의 불씨가 된다.
제약을 기회로 삼아 문제를 근본적으로 해결하라!

04
제한된 시간이 최고의 무기가 될 때

가끔 청탁받은 원고를 쓰려고 컴퓨터 앞에 앉으면 어떤 식으로 이야기를 풀어가야 할지 막막할 때가 있다. 이 생각 저 생각 고민하다 보면 어느덧 시간은 지나 있고 그러다 보면 어영부영 급한 일들 먼저 처리하게 마련이다. 꽤 충분한 시간이 주어져도 원고의 진전은 여전히 그대로다.

하지만 마감이 임박해지면 얘기는 달라진다. 아마 많은 분들이 공감할 것이다. 엄청난 에너지와 집중력 속에서 발휘되는 나도 몰랐던 나의 숨은 능력을. 굳이 작가가 아니라고 해도 우리는 크고 작은 마감과 싸워야 할 때가 있다. 그렇기 때문에 시간이 충분하다고 해서 꼭 좋은 결과가 나오지 않는다는 것 또한 공감할 것이다. 시험을 앞두고 벼락치기를 하거나, 약속한 기한 안에 업무를 끝내거나 시간이 부족한 상황에서 신속하게 많은 결정을 내려야 하는 상황, 압박과 스트레스를 받을 때 우리들의 집중력은 최고로 올라간다. 그 순간 기존의 정리되지 않았던 많은 생각들이 가지치기가 되면서 머릿속 모든 시스템이 효율적으로 굴러가는 것이다.

우리 뇌에는 감각이나 언어, 기억, 평가 등 다양한 활동을 하는 네트워크가 존재하는데, 이들은 서로 상호작용하며 우리의 생각과 행동을 조절한다. 그중 '실행 제어 네트워크(Executive Control Network)'는 특별히 집중력과 관련된 역할을 한다. 목표와 관련된 행동을 계획하고 충동을 억제하며 계획을 수립할 때 활성화되며, 들어오는 모든 정보를 비판적으로 평가하여 오류를 발견하는 데에도 최적화되어 있다. 어떤가. 마감을 앞둔 우리들의 모습에서 발견했던 바로 그 초능력과 닮지 않았는가?

새로운 생각, 남과 다른 생각, 조금 이상하지만 기발한 생각은 째깍대는 초침 소리가 들릴 듯한 긴급한 상황에서는 절대 나오지 않는다. 시간이 충분할 때에만 가능하다. 가만히 '멍을 때리고' 있다 보면 오만 가지 잡생각이 다 들지 않는가. 그동안 관찰한 데이터가 많다면 퍼져 나가는 생각 또한 무궁무진할 것이다. 그러나 이 모든 생각들이 다 좋은 생각은 아니다. 현실적인 상황에 적용하여 실행하기 위해서라면 머릿속 생각들을 평가해서 우선순위를 정하고 구체적 계획을 수립해야 한다. 그때 필요한 것이 집중력이다. 그리고 집중력을 위해서는 약간의 스트레스도 기꺼이 받아들이자. 시간의 압박이 있을 때 집중력은 더욱 올라가고 선택 능력이 훨씬 더 제 기능을 발휘하기 때문이다.

그렇다고 해서 이와 같은 실행 제어 네트워크를 너무 자주 사용해도 문제는 있다. 바로 에너지를 과도하게 쓰게 된다는 것이다. 판단과 결정에는 생각보다 많은 에너지가 필요하다. 지나치게 오랜 시간 몸을 쓰면 몸이 피곤한 것처럼 너무 장시간 과도한 집중력을 발휘하면 인지적 피로도가 높아지는데 몸의 피로가 몸살로 이어지듯 인지적 피로는 주의력이나 의사 결정, 감정 조절에 악영향을 끼칠 수도 있다.

어떻게 해야 인지적 피로도를 줄이면서도 실행 제어 네트워크를 효율적으로 활용할 수 있을까? 내가 자주 사용하는 방법은 마감 시간을 여러 단위로 쪼개는 것이다. 예를 들어 강의를 준비하는 데 한 달의 시간이 주어진다고 치자. 초반 1~2주에는 자료를 수집하는 마감을, 3주차에는 초안을 작성하는 마감을, 마지막 주에는 원고를 완성하고 디테일을 수정하는 마감을 설정한다. 그 사이 사이에는 휴식도 취하고 엉뚱한 생각도 하며 에너지도 충전한다. 아마 팀 단위로 작업을 해야 하는 다양한 조직에서 알게 모르게 이와 같은 방식으로 마감 관리를 하고 있을 것이다. 장기 목표에 비해 단기 목표는 훨씬 더 관리하기도 쉽고 시간과 업무의 압박도 적고, 작지만 잦은 성취감도 느낄 수 있다.

새로운 발상을 얻기 위해 무제한으로 시간을 확보하는 것도 좋은 방법은 아니지만 "어서 생각해 내!" 하고 무작정 압박하는 것도 능사는 아니다. 기억하자, 아이디어의 질을 높이고 좀 더 창의적이고 효율적으로 프로젝트를 진행하고 싶다면, 적절한 마감 관리 또한 필수 능력이라는 사실을.

뇌를 리부팅하는 인지심리학적 TIP

▶▶ 시간의 제약 속에서 문제를 해결하는 연습을 해보세요.
▶▶ 아이디어의 질을 높이고 싶다면 '실행 제어 네트워크'를 이용하세요.

창의적이고 효율적인 프로젝트를 원한다면,
자유와 압박 사이 적절한 마감 관리가 필요하다!

05
틀을 깨지 말고, 틀을 비틀어라

체스나 장기를 생각해 보자. 엄격한 규칙과 말의 이동 방식이 정해져 있지만 무수히 많은 창의적인 전략과 전술이 지금도 새롭게 발휘되고 있다. 당신이 만약 클래식 애호가라면 교향곡을 떠올려보자. 교향곡 역시 곡의 형식과 악기 편성에 엄격한 제약이 걸려 있지만 예술가들은 빡빡해 보이는 상자 안에서도 복잡하고 혁신적인 리듬과 멜로디를 만들어 냈고, 그 창의적 결과물은 오랜 시간이 지난 후에도 우리를 충분히 감동시킨다.

그럼에도 불구하고 'make a new box'라고 하면 솔직히 조금 막막한 게 사실이다. 새로운 상자는 기존의 상자와는 달라야 하고 처음부터 창출하는 것은 아무래도 힘든 것이 사실이다. 그렇다면 상자를 조금 변형시켜 보면 어떨까? 아예 새로 만드는 것보다는 부담이 적지 않을까? 만약 육면체 모양의 상자라면 살짝 모양을 바꿔서 피라미드 형태로 바꾼다거나, 정사각형의 상자를 조금 늘려서 직사각형으로 만드는 것쯤은 누구라도 한 번 정도는 시도할 수 있을 것 같다.

1984년에 설립된 아일랜드의 항공사 라이언 에어는 저가 항공사 중에서는 유럽에서 가장 큰 입지를 자랑하는 기업이다. 이들은 자신의 경쟁상대를 어떻게 설정했을까? 대부분의 항공사는 세계 곳곳을 누비는 대형 항공사를 경쟁상대로 삼는다. 높은 서비스 수준과 다양한 가격대의 항공권, 그리고 모든 대륙을 아우르는 화려한 노선과 많은 종류의 항공기 등 항공사가 꿈꿀 수 있는 비전은 정해져 있으니 말이다.

하지만 라이언 에어의 CEO 마이클 오리어리의 생각은 달랐다. 그는 자신들의 조건에 맞게 상자를 조금 비틀었고, 그 변형된 상자 안에서 최고의 답을 찾으려고 노력했다. 그래서 찾은 라이언 에어의 경쟁사는 바로 '버스와 기차'였다. 즉, 긴 거리를 이동하는 비행 노선은 과감히 버리고 단거리 여행에 집중하겠다는 이야기다. 기차나 버스로 충분히 갈 수 있는 곳을 더 빠르고, 더 저렴하게 갈 수 있도록 만들어 이 시장의 고객을 차지하겠다는 포부인데, 이는 각 국가 간 거리가 짧은 유럽 대륙에서는 꽤 좋은 선택이었다.

풀 서비스 캐리어(Full Service Carrier, 이하 FSC)는 대부분의 항공사들이 추구하는 비전과 가치다. 고객에게 고품질 서비스와 다양한 편의 시설을 제공함으로써 경쟁에서 우위를 점하려는 전략은 어떤 기업에게나 마찬가지로 적용할 수 있을 것이다. FSC가 되기 어려운 상황이라면 품질, 서비스 등 모든 면에서 조금씩만 낮추는 대신 가격 경쟁력을 높여 대형 항공사와 경쟁해야 했다. 이것이 기존의 정형화된 상자였다면 라이언 에어는 상자의 모양을 조금 바꾼 셈이다.

위스키 애호가들 사이에서 카발란(Kavalan)은 꽤 잘 알려진 브랜드다. 다수의 국제 대회에서 우수한 성과를 거두었고, 특히 2015년 WWA(World Wishkies Awards)에서 월드 베스트 싱글 몰트 상을 수상하면서 크게 주목을 받았다. 특이하게도 카발란 위스키는 대만 제품이다. 전통적으로 위스키는 스코틀랜드와 같이 서늘한 기후에서 오랜 시간 숙성하는 방식으로 만들어진다. 때문에 따뜻하고 습한 아열대 기후인 대만에서 생산한다는 것은 도전적인 시도였다. 높은 온도와 습도는 '천사의 몫'이라고 불리는 증발량을 크게 증가시켜 숙성 시 많은 손실이 발생하기 때문이다. 매년 무려 15% 정도가 사라진다고 한다. 그런데 카발란은 오히려 짧은 시간 안에 빠르게 진행되는 숙성을 제품의 이점으로 전환했다. STR(Shaving, Toasting, Re-charring) 공법을 통해 짧은 숙성 기간에도 깊은 풍미를 얻는 데 주력한 것이다. 이러한 기술 혁신은 대만이 기후적 한계를 극복하고 고품질의 위스키를 생산하는 기반이 되었다. 사실 위스키에서 중요한 건 맛과 풍미지 숙성 기간이 아니지 않는가. 숙성 기간은 오랫동안 위스키의 품질을 가늠하는 기준으로 여겨졌지만 결국은 사람들의 입맛에 얼마나 풍부하면서 균형 잡힌 맛을 제공하는가가 핵심인 것이다.

제약은 때로 새로운 발상의 출발점이 되기도 한다. 카발란 위스키의 예시처럼 환경적 제약을 극복하기 때문에 새로운 박스를 만들어 낸 사례는 비즈니스뿐 아니라 창의적인 문제 해결에 큰 영감을 준다.

내 앞을 가로막는 환경적 제약이 있는가? 그것을 오히려 기회로 삼아 기존의 틀을 살짝 비틀어 넘어보자. 예상을 뛰어넘는 혁신적인 결과가 당신을 기다리고 있을 것이다.

뇌를 리부팅하는 인지심리학적 TIP

▶▶ 상자의 모양을 조금 바꾼 비즈니스 모델을 찾아보세요.
▶▶ 내가 바꿔야 하는 상자의 모양을 떠올리고 싶다면
　　 나의 경쟁상대를 찾아보세요.

06
상자 안에서 최고의 해법을 찾아라

MRI 기계에 들어가 보면 알겠지만 검사받는 게 쉽지 않다. 꼼짝없이 움직여도 안 되고, 귀가 아픈 소음을 참고 견뎌야만 한다. 어른도 견디기 어려운데 어린이들은 오죽하겠는가. 검사를 받던 아이들이 놀라서 울고불고하는 일이 다반사인 데다가 몸을 자꾸 움직이니 비싼 검사를 아예 진행할 수가 없다. 그러다 보니 8세 이하의 아이들은 진정제나 마취제를 투하하고 검사를 받게 되는데 그런 약물이 아이들 몸에 좋을 리가 없다. 그래서 MRI 회사와 병원들은 고민 끝에 몇 가지 방안을 마련했다. 다음의 예시들을 보고 여러분은 어떤 디자인이 가장 마음에 드는지 생각해 보길 바란다.

GE 헬스케어의 어드벤처 시리즈 중 하나인 MRI(출처: MEDICAL Observer)

GE 헬스케어는 MRI 검사장을 완전히 테마파크로 만들어 놓았다. 벽면에는 환상적인 바다가 그려져 있고 해적 분장을 한 의사와 간호사들이 검사 받으러 온 아동을 신비로운 세계로 인도한다. 병원 안의 삭막한 소품들도 동화 속 보물상자 같은 느낌이다. GE 디자이너 더그 디츠가 개발한 어드벤처 시리즈의 일환이다. 해적선뿐 아니라 우주 탐험, 정글 탐험, 해저 세계 등 테마도 다양하고, 소리와 조명도 활용하여 몰입감 있는 환경을 조성했다. 어린이 환자들은 친근한 분위기 속에서 불안감이 해소되니 생각보다 검사에 잘 협조했다고 한다. 굉장히 세련되고 멋진 아이디어지만 돈이 꽤 많이 들 것으로 보인다.

필립스에서는 키튼 스캐너를 만들었다. MRI 검사실 옆에 초

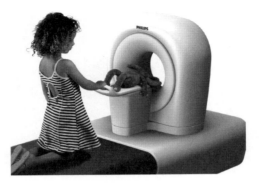

필립스에서 만든 키튼 스캐너(출처: GE HealthCare)

소형 MRI를 만든 것이다. 아이들은 인형의 스토리가 담긴 애니메이션을 시청하면서 긴장감을 풀고, 동물 인형을 MRI 기계에 넣어 본다. 그럼 어떤 식으로 기계가 작동하는지 스크린으로 체크할 수 있다. 아이가 직접 확인해 보고 준비가 되면 실제 MRI 검사실로 들어가는 것이다. 이것만으로도 분명한 효과는 있었다. 진정제나 마취제 사용 빈도는 눈에 띄게 줄었고, 아이들은 MRI에 대한 경험을 긍정적으로 인식했기 때문이다.

레고에서는 블록으로 MRI 기계와 검사실을 만들었다. 이 장난감 키트는 환자가 검사를 받는 공간과 의사가 검사 결과를 보는 공간으로 분리되어 있다. 레고의 특징은 쉽게 조립할 수 있다는 것인데, 브릭을 열면 외부뿐 아니라 기계 내부에서 어떤

레고로 만든 MRI 검사실(출처: MEDICAL Observer)

일이 일어나는지 볼 수도 있게 해두었다. 검사를 앞둔 어린이는 MRI에 익숙해지고 검사에 대한 두려움을 달랠 수 있게 된다. 비용 측면에서는 가장 저렴한 방식이고, 실제로 레고는 이 키트를 저개발 국가 병원에 보급하기도 했다.

자, 당신이 만약 소아 병동의 문제를 해결해야 하는 병원장이라면 위 세 기업의 디자인 중에서 어떤 것을 택하겠는가?

이 문제에 정답은 없다. 실제 당신이 처한 상황에 맞추는 것이 정답이기 때문이다. 아이가 무서워하기는커녕 매일 병원에 가자고 조를 것만 같은 것은 역시 GE 쪽이다. 그러나 GE의 디자인이 가장 마음에 든다고 해서 예산과 인력이 부족한데 병원을 테마파크로 꾸밀 수는 없지 않은가. 병원의 상황이 넉넉하지 않다면 레고 브릭을 활용하고 관련된 예산을 더 긴급하고 필요한 곳에 써야 한다. 수많은 아이디어 중에 무언가를 선택하여 보강하기 위해서는 아이디어의 질이나 기발함뿐 아니라 지금 내가 처한 상황과 잘 맞는지부터 확인해야 한다. 이 상황엔 재정적인 부분도 절대 무시할 수 없다. 돈이 많다고 창의적인 생각이 나오는 것이 아니다. 나에게 맞는 상자 안에서 최대의 효율을 만들어 내는 것, 그것이야말로 진짜 창의적인 발상이 아니겠는가.

뇌를 리부팅하는 인지심리학적 TIP

▶▶ 나와 내 조직이 가지고 있는 자원들을 목록으로 만들어 보세요.
▶▶ 일상에서 작은 변화를 통해 문제를 해결할 수 있는 방법을 찾아보세요.
　 (예: 출근 경로를 변경하거나 하루를 효율적으로 사용하기 위한 새로운 루틴 만들기)

07
생각의 경계를 확장하는 법

지금까지 우리는 내가 처한 환경 안에서 제약과 조건을 활용하여 창의적 발상을 떠올리는 방법에 대해 알아보았다. 여기서 제약 조건은 내가 만드는 것이라기보다 주어지는 것이었다. 모든 조건이 충분한 상태에서 일하는 사람은 얼마 없으니 말이다. 그러나 반대로 생각할 수도 있다. 내 쪽에서 먼저 조건과 한계를 설정하여 더 창의적인 결과물을 얻어낼 수도 있다는 이야기다.

나이가 조금 있는 독자들은 기억할 것이다. 옛날 PC 통신 시절의 눈부시게 푸르던 채팅 화면을. 천리안, 나우누리 같은 서비스를 이용해서 힘겹게 인터넷에 접속하면 다양한 주제의 채팅방에 들어갈 수 있었고, 이곳에서 동시에 접속한 사람들과 생각과 이야기를 나누곤 했었다. 사진 이미지나 음악을 전송할 수 없었으며 오로지 채팅으로만 대화를 할 수 있었는데 독특한 필명과 닉네임, 치열한 토론과 텍스트 기반 게임, 창작활동, 유머와 패러디 등 이 시절에도 화려한 디지털 문화가 꽃피곤 했다.

그 후 인터넷이 보급되면서 MSN 인스턴트 메신저가 큰 인기를 끌었다. 텍스트로만 생각과 느낌을 나눠야 했던 과거 PC통신에 비해 이 시기에는 이모티콘도 보낼 수 있고, 간단한 파일도 전송할 수 있었다. 프로필과 상태 메시지로 나의 개성을 표현할 수도 있었다. 하지만 커뮤니케이션에는 여전히 많은 제약이 존재했다.

이 모든 제약을 완전히 풀어버린 것은 페이스북이었다. 기존의 단순한 인스턴트 메시지나 이메일 서비스와는 달리 다양한 형식의 콘텐츠를 실시간으로 공유할 수 있었다. 이용자들은 사진과 동영상을 자유롭게 공유하고 긴 글이나 짧은 글도 마음껏 올리게 되었다. 웹사이트나 기사의 링크도 가능했다. 피드는 실시간으로 업데이트 되었고 그에 따른 댓글 같은 반응도 즉각적이었다. 이제 디지털 커뮤니케이션에 따르는 모든 한계를 지워버린 것 같았다. 그렇다면 더 이상 새로운 것은 나올 수 없는 것일까?

그렇지 않았다. 이후에 나온 소셜 미디어는 오히려 제약을 만들어 내는 방식으로 페이스북과 차별화를 두었다. 트위터는 글자수를 140자로 제한했고(이후에 280자로 확장되었지만) 짧고 간결한 커뮤니케이션을 강조했다.

인스타그램은 텍스트보다 사진과 이미지에 집중하기 위해 만들어진 플랫폼이었다. 텍스트는 사진을 보완하는 역할 정도만 할 뿐 유저들을 시각적 콘텐츠에 집중하게 했다. 시각으로 전하는 메시지는 더 직관적이고 빠르고 강렬했다. 특히, 24시간이 지나면 사라지는 스토리 기능은 순간적으로 지나치는 일상을 공감하기에 충분했다.

제약은 더욱 강력해졌다. 틱톡은 동영상, 그것도 15초나 60초 이내의 아주 짧은 동영상만 올릴 수 있는 플랫폼이다. 이런 강력한 제약은 쉽게 소비하고 제작할 수 있는 트렌디한 문화를 가능하게 했다.

제약이 걸리면 사용자들이 답답해하거나 힘들어 할 것 같지만 실제로는 그렇지 않았다. 타이트한 조건과 한계 안에서 더 풍요롭고 창의적인 표현이 가능해지기 때문이다.

현재 전 세계에서 가장 영향력 있는 미디어 플랫폼 중 하나로 평가받고 있는 유튜브도 제약을 완화하거나 강화하는 전략을 통해 사용자들의 경험을 향상시키고 있다. 초창기에는 단순히 동영상을 올리고 공유하는 정도의 기능만 존재했지만 현재는 제약을 완화시키면서 크리에이터와 시청자들의 만족도를 높였다. 라이브 스트리밍, 쇼츠, 챕터 기능, 세로 모드 등으로 크리에이터들이 다양한 형식의 콘텐츠를 제작하도록 장려하였고 이는 곧 콘텐츠의 다양성으로 연결되었다. 댓글과 좋아요 기능은 적극적으로 콘텐츠에 참여하도록 유도하기도 했다.

그런가 하면 유튜브는 반대로 제약을 강화하는 기능 역시 지속적으로 제공했다. 추천 알고리즘과 연관 동영상 기능, 구독 기능 강화는 제약을 통해 맞춤형 콘텐츠를 제공하여 만족도를 높인 사례다. 또 '관심 없음' 기능과 유튜브 키즈 앱으로 사용자가 원하지 않는 콘텐츠나 유해한 콘텐츠를 차단하여 안전하고 쾌적한 시청 환경을 선사하기도 하였다.

우리나라의 시조나 일본의 하이쿠는 엄격한 형식적 제약을 둔 덕분에 극도의 간결함과 깊은 감성을 전할 수 있었고, 레고는 제한된 모듈과 블록이라는 한계 덕분에 특유의 독창적인 표현이 가능했다. 제한된 예산은 인디 감성을 불러일으키고, 그 안에서 혁명적인 문화가 출발하기도 한다. 제약과 한계는 무조건 풀어버려야 하는 대상이 아니다. 가끔은 스스로 제약을 걸어보라. 뜻밖의 영감이 찾아올 수도 있다.

08
가장 까다로운 고객이
비즈니스의 나침반이다

상자의 모양을 변형시키는 방법에 대해서는 앞서 이야기를 했다. 그런데 지금 우리에게 필요한 새로운 상자의 모양은 무엇일까? 육각형일까? 삼각뿔일까? 모양의 방향이라도 찾을 수 있다면 아이디어의 도출이 조금 더 쉬워질지도 모를 일이다.

정말로 새로운 발상을 찾고자 한다면 고객들의 목소리에 귀 기울일 필요가 있다. 너무 빤한 얘기라고? 맞다. 하지만 여기서 말하는 고객은 절대 다수를 차지하는 평범하고 일반적인 고객이 아니다. 유별나고 까다로운 고객을 말한다. 그들은 어쩔 수 없는 걸 컴플레인을 하고 안 되는 걸 알면서도 요구한다. 그런데 참 재미있게도 가끔은 이 안에 문제의 본질이 숨어 있다. 극단적인 고객들의 까다로운 피드백에 한 번쯤 귀를 기울여 보자.

새로운 발상과 관련된 힌트가 숨어 있을 수 있다.

　최근 나이키를 위협하는 새로운 스포츠 브랜드 호카(HOKA)가 좋은 사례다. 전 세계 러너들에게 큰 호응을 얻으며 시장 점유율에서도 놀랄 만한 성장세를 보이는 호카는 2009년에 설립되었고, 2013년에는 데커스(Deckers)에 인수되어 지금은 매출 1조 원이 넘는 메이저 회사로 성장한 스포츠 브랜드다.

　호카가 반영한 극단적인 고객의 요구는 무엇이었고 어떻게 반영했을까? 그건 바로 내리막길에서도 속도를 줄이지 않고 빠르게 뛸 수 있는 신발이었다. 러너들은 평지만 뛰는 것이 아니다. 때로는 오르막도 올라야 하고 가파른 언덕도 내려가야 한다. 내리막길에서는 충격이나 부상의 위험 때문에 속도를 줄여야 하는데……. 균형 잡기도 어려운 내리막길에서 휠휠 날아다닐 수 있는 신발이라니, 너무 무리한 요구가 아니었을까?

　하지만 호카는 쿠셔닝과 접지력을 유지하면서도 안정적인 착화감을 줄 수 있는 방법을 고민했고, 두꺼우면서도 가벼운 독특한 밑창으로 내리막에서 받는 충격도 흡수하는 러닝화를 세상에 내놓았다. 사실 호카의 제품은 그다지 예쁘지 않다. 특히, 처음 제품이 등장한 2009년에는 스니커즈처럼 얇고 깔끔한 미니멀리즘 슈즈가 유행이었는데 호카의 디자인은 정반대인 맥시

멀리즘이었으니 더욱 이상해 보였을 것이다. 색상도 너무 화려하고 브랜드 로고는 지나치게 크며 커다란 밑창은 기괴해 보인다. 그러나 못생긴 만큼 편안하다는 인식이 있어 간호사처럼 오래 서 있는 직종의 고객들에게도 인기를 끌었다. 실제로 호카를 신어 본 고객은 마치 구름 위에 떠 있는 것처럼 폭신폭신한 느낌이라고 한다.

온러닝(On Running) 또한 비슷한 스타일의 기능성 운동화다. 온러닝의 창립자 올리비어 베른하르트는 스위스의 트라이애슬론 선수였다. 수영, 사이클, 달리기를 포함하는 철인 3종 경기에 참여하다 보니 만성적인 아킬레스건 부상으로 골머리를 앓았고 편안하면서도 기능적인 러닝화의 필요성을 절실하게 느끼게 되었다고 한다. 처음부터 사업을 할 생각은 아니었지만 자신이 제안한 운동화 디자인이 나이키에 거절당하자 어쩔 수 없이 스스로 만들게 되었다는 일화가 전해진다. 그가 제안한 디자인은 너무 못생겨서 프랑켄슈타인이라고 불릴 정도였으니, 나이키에서 거절한 것은 어쩌면 당연한 일일지도 모른다. 하지만 초창기 디자인에 반대했던 동료들도 직접 신어 본 후에는 독특하면서도 편안한 착용감에 마음이 바뀌었다.

온러닝 역시 호카 못지않게 밑창 디자인이 아주 독특하다.

바닥의 중앙은 수직 방향으로 갈라져 있고, 밑창 전체가 여러 조각이 붙어 있는 모양이다. 러닝을 할 때의 충격은 수직으로만 가해지는 것이 아니라 수평으로도 작용한다. 수직과 수평의 충격을 충분히 흡수하지 않으면 발목 부상을 당할 위험도 있다. 온러닝의 밑창 디자인은 여러 방향의 충격을 모두 흡수하고 발 뒤꿈치에도 쿠션을 제공하여 안정적으로 달릴 수 있는 상태를 만들어냈다.

일상에서 신기에는 조금 튀는 디자인이지만 오히려 특이한 디자인이 브랜드 인지도를 높이는 데 도움이 되었다. 전체적인 실루엣이 온러닝을 한눈에 알아볼 수 있게 만들며, 개성을 추구하는 소비자들에게 긍정적인 반응을 얻고 있다.

두 브랜드의 성공 사례는 극단적인 고객의 욕구를 충족시키고 이를 통해 차별화된 가치를 제공한 결과라고 볼 수 있다. 고객들은 러닝을 하다 보면 어쩔 수 없이 뒤따르는 피로와 충격을 줄여주길 원했고, 그것을 기술적으로 구현해 낸 것이다.

당신은 왜 상자의 모양을 바꾸려고 하는가? 누군가를 만족시키기 위해서가 아닌가? 까다로운 고객이 원하는 무리한 요구 속에는 때로 혁신적 발상이 숨어 있다는 것을 기억해야 한다.

뇌를 리부팅하는 인지심리학적 TIP

▶▶ 고객이나 상사의 불가능해 보이는 요구를 하나 선택해 해결할 수 있는
   방법을 찾아보세요.

▶▶ 가장 까다로운 고객의 피드백을 분석해 보세요.

▶▶ 비용을 줄이면서도 품질을 높일 수 있을까? 시간을 절약하면서도
   서비스를 개인화할 수 있을까? 때로는 반대되는 요구를 동시에
   해결할 방법을 찾아보세요.

버퍼링 타임 활용 가이드: 제약의 기술

창의력은 무한한 자유에서 나오는 것이 아닙니다. 오히려 제약과 한계는 우리의 생각을 더 깊고 독창적으로 만드는 도구가 될 수 있습니다. 이 장에서는 제약을 활용해 창의적 아이디어를 도출하는 연습을 통해, 일상 속의 문제를 새롭게 바라보는 방법을 익혀 보세요. 제한된 자원이 혁신의 촉매제가 되는 경험을 시작해 봅시다.

1. 제약 조건 탐색하기

- 연습: 현재 당신이 직면한 가장 큰 제약은 무엇인가요?
  시간, 자원, 예산 등 다양한 측면에서 떠올려 보세요.
- 예: "예산이 부족한 상황에서 고객 만족도를 높이기 위해 할 수 있는 일을 떠올려 보세요."

- 질문:
1) 당신이 직면한 제약 조건을 3가지 적어보세요.
2) 각 제약 조건이 아이디어 창출에 미치는 긍정적인 효과는 무엇일까요?

2. 창의적 틀 비틀기

- 연습: 익숙한 업무나 일상에서 사용하는 프로세스를 분석하고,
  이를 비틀어 보는 연습을 해보세요.
- 예: "출근 경로를 새롭게 설계한다면 시간을 절약하면서도 신선한 경험을 줄 수 있는 방법은?"

- 질문:
1) 현재 작업 중인 프로젝트의 핵심 가정을 하나 적어보세요.
2) 이 가정을 뒤집거나 비틀어 새로운 접근법을 상상해 보세요.

3. 제약 활용 아이디어 생성

- 연습: 다음 상황에서 창의적인 해결책을 제안해 보세요.
- 예: "프로젝트 예산이 50% 줄었다면, 같은 목표를 달성하기 위해 어떤 혁신적인 방법을 쓸 수 있을까요?"

- 질문:
1) 예산 절감이 필요하다면 어떤 비전통적인 해결책이 가능할까요?
2) 시간 제약이 있다면 우선순위를 어떻게 재설정하시겠습니까?

4. 실천 목표 설정

- 연습: 위에서 도출한 아이디어 중 가장 실행 가능성이 높은 한 가지를 선택하세요. 구체적으로 실행 계획을 작성하세요.
- 예: "다음 주까지 새로운 아이디어의 초기 테스트를 진행하고 피드백을 수집한다."

3

버퍼링 씽킹
3단계

재구성하라,
익숙한 것을
낯설게 만들어라

#REORGANIZE

아이디어의 양은 많지만 선명하지 않을 때가 있다.
어떻게 해야 아이디어의 해상도를 높이고
복잡하게 얽힌 문제들을 선명하게 정리할 수 있을까?

분명한 관점이야말로 아이디어를 가치로 이끄는 힘이다.
당신의 프레임을 재설계하라. 그것이 시작이다.

01
생각의 액자를 비틀어라

프레임은 말 그대로 액자라는 뜻이다. 테두리가 없는 캔버스를 채우려면 화가는 얼마나 큰 그림을 그려야 할까? 아무리 훌륭한 사진작가라고 해도 광활한 시야에 들어오는 모든 시각 정보를 사진으로 담을 수 없다. 작가들은 자신이 가진 프레임 안에 세계를 넣는다. 누군가는 피사체 중심으로, 누군가는 풍경 중심으로. 그 속에서 나만의 컬러를 입히고 메시지를 전달할 때 훌륭한 작품으로 인정받는다.

우리의 머릿속에 가득 펼쳐진 수많은 정보도 마찬가지다. 틀 안에 넣어 어떤 것은 지우고, 빈 부분은 상상과 시뮬레이션으로 채워야 한다. 그리고 사람마다 이 과정을 통해 그리는 상은 다르다. 각자의 경험과 지식, 관계, 문화적 맥락에 따라 세상을 보는 사고의 틀이 다르기 때문이다.

어느 조직에서 제품 개발에 대한 새로운 아이디어를 제시하는 프로젝트를 진행했다고 생각해 보자. 만약 그 조직의 리더가 지혜롭다면 익명으로 아이디어를 모집했을 것이다. 특히 한국과 같은 문화권에선 '어떤 아이디어인가'보다 '누구의 머리에서 나온 아이디어인가'가 주목받기 때문이다. 아무리 시대가 바뀌었다 한들, 부장님이 낸 아이디어에 "그것 참 말도 안 되는 소리네요"라고 반박할 직원은 찾기 어렵기 때문이다.

다양한 방법으로 다양한 아이디어를 수집하고 나면, 이제 수많은 아이디어를 구체적인 기획으로 발전시키는 과제를 안게 된다. 이 시점에서 리더는 그동안의 아이디어를 모든 구성원에게 공개한 후 자유롭게 의견을 개진할 수 있는 장을 열어야 하는데, 이때 주의할 점은 실명을 밝혀야 한다는 것이다. 그래야 심한 말이 오가며 상처를 주는 사태를 방지할 수 있기 때문이다.

아이디어를 받아 본 재무팀 직원이 말한다.
"다 좋은데, 비용이 너무 많이 드네요."
고객 관리 담당 부서에서도 한마디 한다.
"이런 부분은 자칫하면 고객들에게 오해를 불러일으킬 수 있을 것 같아요."

기술 관련 부서에서도 거든다.

"현실화하기엔 문제가 좀 있어요. 기기 발열 문제가 발생할 겁니다."

모두 다 안 된다고 태클을 거니 기운이 빠지는 것 같다. 그러나 이 모든 평가들은 아이디어를 사장시키는 게 아니라 쓸모 있게 만드는 과정이다. 실제로 이 과정을 생략한 채로 성급하게 개발된 제품들은 수없이 많았고 이중 몇 가지는 대규모 리콜 사태로 연결되거나 규제에 걸리거나 불매 운동까지 이어지기도 했다. 평소엔 잘하던 조직도 경쟁자에게 쫓기는 등의 위기에 처하면 마음이 급해져 중요한 과정을 놓치고 만다.

이처럼 각각의 부서는 자신들의 경험과 지식으로 아이디어를 바라보고, 문제점을 지적하며 개선안을 생각하게 된다. 이 아이디어를 바라보는 각자의 시선이 바로 프레임이다. 재무팀의 직원은 예산과 비용이라는 프레임으로, 고객 관리 팀은 고객 감동이라는 프레임으로, 기술 팀은 안정적 기술 구현이라는 프레임으로 현상을 파악한다. 부서별 프레임만 있겠는가. 개인마다, 집집마다, 혹은 국가나 대륙, 또 크고 작은 공동체에서 자신들의 프레임으로 세상을 바라본다. 만약 누군가가 아무런 프레임을 갖고 있지 않다면 그는 세계를 제대로 바라보고 해석하지 못한다고 볼 수 있다.

우리 모두에게는 프레임이 필요하다. 좋은 관찰을 통해 폭발적으로 발산시킨 수많은 아이디어들. 그 위에 액자를 살포시 올려두고 다시 보자. 어떤 것들은 하나로 뭉쳐지고, 어떤 것들은 프레임 밖으로 밀려나간다. 액자의 각도를 조금씩 조정하면 정보는 다시 정돈되고 아이디어는 하나의 맥락을 갖는다.

나에게는 어떤 프레임이 있는가? 내가 갖고 있던 프레임에 문제는 없는가? 나의 프레임은 얼마나 정교하고, 또 새로운가? 나는 기존의 프레임과 조금 다른 프레임을 받아들일 수 있는가?

프레임을 살짝 비트는 순간, 또 다른 창의의 영역이 열릴 것이다.

뇌를 리부팅하는 인지심리학적 TIP

▶▶ 잘못된 프레임에서 벗어나기 위해, 다양한 데이터를 확인하세요. 만약 성공 사례가 눈에 띄었다면 눈에 보이지 않는 실패 사례나 숨겨진 데이터를 의도적으로 찾는 것입니다.

▶▶ 특정 이슈를 골라 이득 프레임과 손실 프레임을 각각 적용하여 설명하는 연습을 해 보세요.

02
당신의 관점으로 설득력을 키우는 법

"프레임이라뇨. 저는 그런 거 없어요!"

프레임이라는 말에 아마 화들짝 놀라는 독자들도 있을 것이다. 한국 사회에서는 프레임이라는 용어가 종종 부정적인 의미로 사용되어 왔고, 특히 정치권에서 조작된 뉴스, 거짓 뉴스, 편향된 정보 등에 갇혀 사건을 제대로 파악하지 못하는 상태와 같은 편가르기의 도구로 쓰였다. 하지만 프레임은 좋고 나쁜 것이 아니다. 프레임은 사람들이 정보를 해석하고 이해하는 방식을 형성하는 인지적인 구조를 말한다. 그래서 누구나 가지고 있는 것이다.

모든 사람의 경험과 지식의 종류는 다르다. 그리고 우리 뇌는 너무도 당연하게 그 경험과 지식을 기반으로 특정 사건을 해석해야 한다. 그러다 보니 모든 사람의 해석이 다를 수밖에 없지 않겠는가.

일례로 우리는 편파 중계를 좋아한다. 우리나라 국가대표팀이 다른 나라 선수들과 경기를 하고 있다고 치자.

"이건 아무래도 상대 팀 볼인 것 같은데요?"

"우리나라 선수가 방금 반칙을 했는데 심판이 못 본 거 아닌가요?"

"네에! 위험할 뻔했는데 상대 팀 골키퍼가 무척 잘 막았습니다!"

축구 해설자가 사사건건 이런 식으로 발언을 한다면 어떨까? '저 친구 참 공정하군'이라 생각하면서 평화롭게 치킨을 뜯으며 경기를 관람할 축구팬은 없을 것이다. 모르긴 몰라도 문제 발언을 한 해설자는 빗발치는 항의를 견디지 못해 다음날 그 자리에서 내려와야 할 것이다. 만약 내가 우리나라 경기 해설자라면 한국 선수 입장에서 우리나라의 승리를 바라는 마음으로 편향된 중계를 해야 한다. 그럼 국내 선수들끼리 하는 프로야구는 100% 공정할 수 있을까? 이 또한 그렇지 않다. 꼭 특정 팀을 편드는 게 아니더라도 한쪽에 편향된 이야기를 전할 수밖에 없기 때문이다. 투수 출신의 해설자가 중계를 하면 투수의 입장에서 더 많은 이야기를 하고, 타자 출신의 해설자는 타자 측에서 보이는 경기 흐름을 읽어주게 마련이다.

누군가가 완전히 중립적이고, 어떠한 프레임도 가지고 있지 않다면 세상을 바라보는 것은 불가능하다.

"Are you biased?"

'당신은 편향적입니까?'라는 질문을 받으면 당신은 무엇이라고 대답할 것인가. "아니, 사람을 뭘로 보고!"라고 펄쩍 뛰거나 "저는 늘 중립을 지킵니다"라며 점잖게 방어할 수도 있겠다. 실제로 실험해 보았을 때 많은 한국인들은 대체로 아니라는 대답을 반사적으로 내놓았다. 자신의 견해나 관점을 정당화하고 싶어 하는 건 인간의 기본적인 욕구다. 또 편향적이라는 사실을 인식하지 못하거나, 이를 당연하게 받아들이고 싶어 하지 않을 수도 있다.

그런데 재미있게도 미국인들은 같은 질문을 들었을 때 아무렇지도 않게 "Yes"라고 대답한다고 한다. 우리 모두는 어느 정도의 편향성을 갖고 있기 때문이다. 또한 그것을 인정하는 게 딱히 나쁜 것이 아니라는 태도다. 미국에는 프레이머(framer)라는 단어가 존재한다. 새로운 프레임을 만들어 내는 사람이기도 하지만, 미국 건국 초기에 헌법을 재정한 사람들을 부르는 의미도 가지고 있어서 긍정적으로 사용된다.

실제로 우리는 프레이머가 되어야 한다. 현실에 적용할 수 있게 가장 적절한 프레임을 찾거나 혹은 새로운 프레임을 찾아야 한다는 말이다.

어느 한쪽으로 치우치지 않은 중립적인 의견이 가장 좋은 의견일까?

절대 아니다. 우리 모두의 의견은 한쪽으로 치우쳐져 있다. 이제 우리의 생각을 바꿔야 한다. 모든 의견은 편향적이다. 핵심은 각각의 의견이 갖는 설득력이다. 결국, 어떤 프레임이 더 매력 있는가의 문제다.

뇌를 리부팅하는 인지심리학적 TIP

▶▶ 내가 가진 프레임을 정확하게 알기 위해 나의 사고 과정을 기록해 보세요.
▶▶ 다른 사람들의 의견이나 피드백을 듣고 그들이 당신의 관점을 어떻게 바라보는지 확인해 보세요.

03
같은 데이터로
더 나은 결론을 내는 법

인간은 어떤 상황에 맞닥뜨리게 되면 놀라운 능력으로 상황에 대한 정보를 빠르게 습득한다. 그리고 그 습득한 정보로 상황을 규정한다. 그 상황을 쉽게 설명할 수 있는 프레임을 만든다는 이야기다. 프레임이란 인류가 격변하는 환경 속에서 재빠르게 생존하는 방법을 모색한 결과일지도 모른다.

그런데 우리가 수집한 정보가 부정확하다거나 잘못된 정보라면 어떨까? 당연히 프레임 또한 잘못 설정되었을 가능성이 크다. 여기까지는 물론 누구나 할 수 있는 실수다. 긴 역사 동안 수많은 전문가들 또한 비슷한 실수를 범했으니까. 그러나 지혜로운 사람들은 자신의 상황 정보가 잘못된 것이 아닌지 체크한다. 그리고 제대로 파악하여 프레임을 재정의한다. 이 작은 차이에서 판단이 달라지고 운명이 바뀐다.

생존자 편향(survivorship bias)은 상황 정보를 제대로 파악하지 않아 잘못된 결론에 도달한 대표적으로 손꼽히는 사례다. 이는 특정 결과물이나 사건에 대한 관찰이 선택적으로 이루어질 때 발생하는 편향으로, 주로 성공한 사례에만 초점을 맞추고, 실패한 사례는 고려하지 않을 때 발생한다.

일례로 스티브 잡스, 빌 게이츠, 마크 저커버그의 공통점 중 하나는 대학을 졸업하지 않았다는 것이다. 이들의 성공이 알려지면서 한때 대학을 중퇴하거나 아예 가지 않는 것이 유행처럼 번지기도 했다. 그러나 이들의 성공과 대학을 나오지 않은 것을 인과관계로 연결하는 것이 바로 생존자 편향이다. 대학을 중퇴하거나 입학하지 않은 사람들 중에서 이처럼 큰 성공을 거두는 경우는 무척 드물기 때문이다. 성공한 사례에만 초점을 맞추고 실패한 사례는 고려하지 않은 대표적인 사례다.

자영업자들이 성공 사례만 듣고 시장에 진입하는 것 또한 생존자 편향에 속한다. 성공한 사례에는 종종 특정한 시장 조건이나, 개인의 능력, 운, 우연 등의 영향이 있을 수 있다. 하지만 눈부신 성공 신화를 듣다 보면 나도 사업을 시작하는 즉시 금세 큰 성공을 이룰 수 있을 것만 같다. 하지만 거리를 지나다 보면 폐업하는 가게들이 부지기수다. 실제로 자영업자가 처음 5년 안에 실패하는 비율은 약 50%에 달한다고 한다. 상황 정보를 제대로 수집하지 않아 잘못된 프레임을 적용했기 때문이다.

누구에게나 프레임은 있고, 그 프레임을 두는 자리에 따라 아이디어는 정교해지고 앞으로 나아갈 방향성을 갖는다. 그러나 관찰이 잘못되었다면 그래서 내가 놓치거나 제대로 수집하지 못한 정보가 있었다면 오해를 가지고 프레임을 짤 수도 있다. 그러니 몇 번이고 다시 돌아가 확인하라. 그 과정을 통해 훨씬 더 단단하고 세련된 나만의 프레임을 만들 수 있다.

그렇다면, 어떤 프레임을 활용하는 것이 타인을 설득하는 데 유리할까?

프레임이라는 개념을 심리학 이론으로 정립한 학자는 노벨 경제학상을 수상한 심리학자 대니얼 카너먼(Daniel Kahneman)이다. 우리 한국인들에게도 친숙하고 영향력이 있는 학자이며 최근 90세의 나이로 작고하기까지 수많은 연구 업적을 남겼다.

신종 감염병과 관련된 그의 실험은 프레이밍 효과가 무엇인지 단적으로 보여 주는 아주 유명한 예시다. 그는 치료법의 효과를 이득과 손실의 프레임으로 제시하고, 그에 따른 판단의 차이를 보여주었다. 감염자 중 살릴 수 있는 사람의 수를 강조하는 방식은 이득의 프레임을 활성화하는 반면, 죽는 사람의 수를 강조하는 방식은 손실의 프레임을 활성화한다.

이득의 프레임을 사용할 때는 확실히 살릴 수 있는 쪽으로 판단의 무게추가 기우는 반면, 손실의 프레임을 사용할 때는 그대로 죽게 내버려 두기보다 모험을 해서라도 살릴 수 있는 방법을 찾는 쪽을 선택하는 경향이 나타났다.

판단과 결정의 과정에서 적절한 프레임을 제시하는 사례는 수없이 많다. 자, 이번에는 아래를 보고 한 번 선택해 보자.

A: 5만 원 잃을 확률 100%

B: 20만 원 잃을 확률 25%, 아무것도 잃지 않을 확률 75%

둘 중 어느 쪽을 선택하겠는가? 실험 결과에 따르면, 거의 대부분이 B를 선택했다. 제시된 사례는 손실의 프레임을 사용하고 있으므로, 가만히 앉아서 5만 원을 잃기보다는 모험을 감수하는 경향을 보이는 것이다.

그런데 자세히 살펴보면, 이 선택은 보험과 매우 비슷하다. 자동차 보험이나 여행자 보험의 경우, 가입자가 보험료를 낸 다음 사고가 발생하지 않으면 아무것도 돌려받지 못한다. 이는 A와 같다. 만약 실험 결과처럼 A를 선택하지 않고 B와 같이 모험을 감수한다면 살아남는 보험 회사는 거의 없을 것이다.

그렇다면 보험 회사는 도대체 어떻게 가입자를 설득하는 것일까?

그것은 바로 A가 B라는 상황을 대비할 수 있는 대비책이라는 방식으로 프레임을 설정했기 때문이다. 다시 말해, 20만 원의 손해가 발생했을 때의 상황을 떠올리게 하고, 이로 인해 겪게 될 손실을 막을 수 있는 방안을 제시하는 것이다.

이제 5만 원은 단순한 손실이 아니라, 예기치 못한 불행을 막아주는 훌륭한 대비책이 된다. 우리는 그렇게 해외여행을 갈 때마다 매번 여행자 보험을 구매하는 것이다.

원자력 발전은 여전히 뜨거운 논쟁이 이루어지는 분야다. 원자력 발전의 안전성 문제로 불안해하는 사람들에게 전문가들은 안전에 대한 기술력이 얼마나 발전했는지를 근거로 제시하곤 한다. 실제로 사고 날 확률은 0.01%에 이를 정도로 위험 수치는 줄었다고 한다. 그러나 아무리 많은 준비를 하여 안전성을 높여도 사고 확률을 0%로 만들 수는 없다. 만에 하나 사고가 터지면 걷잡을 수 없는 결과가 초래되기 때문이다.

'위험과 안전의 프레임'으로 이 상황을 보면 반대 입장을 절대 설득할 수 없다. 오히려 '이득과 손실의 프레임'으로 접근해

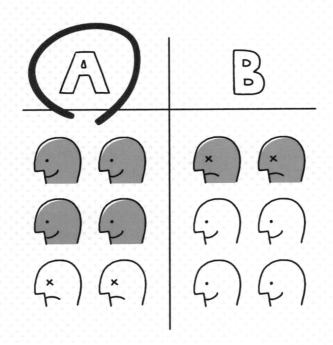

상대를 설득하고 싶은가?
그렇다면 확실한 이득의 프레임으로 접근하라!

야 할 것이다. 몇 해 전 유례없는 폭염에 전력 공급 문제가 발생하여 일부 지역이 블랙아웃(Blackout, 전력 공급이 수요를 감당하지 못해 대규모 정전이 발생하는 상황) 위기에 처하기도 했다. 다행히 큰 사건 없이 지나가기 했지만 이와 관련된 사고를 떠올리는 것만으로도 많은 사람들이 큰 두려움을 느낀다. 친환경 에너지나 신재생 에너지는 아직까지는 완벽하게 끊기지 않고 전력을 공급하는 데엔 한계가 있다는 것을 근거로 삼는 것이 유리하다는 말이다.

게임 사업도 마찬가지다. 이 산업에 종사하는 이들은 게임이 안전하다는 것을 증명하기 위해 애쓰지만 이런 방식으로 상대를 설득하기는 참 어렵다. 과몰입이나 중독의 위험은 아무리 적은 가능성이라도 어쩔 수 없이 존재하기 때문이다. 위험과 안전의 프레임에서는 위험을 주장하는 이들이 이길 수밖에 없는 구조다. 그럼에도 불구하고 설득을 해야 한다면 소모적인 논쟁을 지속하지 말고 다른 프레임을 끌어와야 할 것이다.

같은 내용이라도 다른 프레임으로 바라보면 새로운 생각이 시작되고 현실화되는 가능성도 커진다. 그러므로 프레임의 힘을 이해하는 사람들은 우리 머릿속에 있는 사고의 틀을 적절하게 다루어 나의 일상의 문제를 해결하곤 한다.

새로운 방식으로 문제를 해결하고 싶은가? 그렇다면 내가 갖고 있던 프레임을 바꾸거나 새로운 프레임을 찾을 수 있는 능력을 키워야 한다.

뇌를 리부팅하는 인지심리학적 TIP

▶▶ 잘못된 프레임에서 벗어나기 위해, 다양한 데이터를 확인하세요. 만약 성공 사례가 눈에 띄었다면 눈에 보이지 않는 실패 사례나 숨겨진 데이터를 의도적으로 찾는 것입니다.

▶▶ 특정 이슈를 골라 이득 프레임과 손실 프레임을 각각 적용하여 설명하는 연습을 해 보세요.

04
한끗 차이가 만드는 거대한 변화

　맨해튼의 야경. 뉴욕에 가 보지 못한 사람이라도 떠오르는 이미지가 있을 것이다. 하늘을 찌를 듯한 고층건물들과 그 건물의 창마다 빛나는 불빛들. 우리에게 맨해튼은 수평선에 끝없이 늘어선 건물이 마천루의 수직선과 맞닿는 곳이다.

　그런데 이런 맨해튼을 색다른 시선으로 그린 작품이 있다. 연세대학교 신경외과의 하윤 교수라는 분이 그린 작품, 〈Architect Brain 2021〉이다. 척추 분야의 세계적인 권위자인 하윤 교수의 또 다른 이름은 윤하 작가다. 낮에는 의사로서 환자들을 돌보고, 밤에는 NFT 아티스트로서 생활하는 예술가라고 할 수 있다.

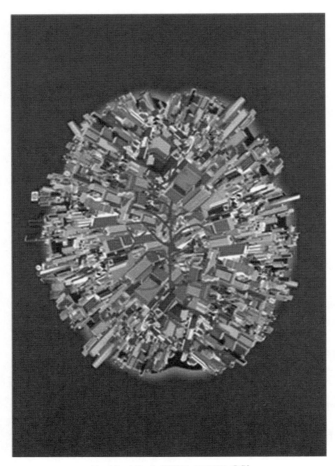

〈Architect Brain 2021〉, DBSGK, 윤하

이 그림은 뉴욕에 사는 유대인 부호의 머릿속을 표현한 그림이라고 한다. 인간은 감각기관을 통해 들어온 정보를 뇌 안의 신경 네트워크를 통해 조합하고 해석한다. 결국 머릿속에 남는 하나의 이미지로 사물을 인식하는 것이다. 윤하 작가는 사람들의 머릿속에 저마다 다른 지도가 있다고 생각했고 이것을 '브레인 맵핑(Brain Mapping)'이라는 창작 기법으로 표현했다. 부동산업에 종사하는 사람의 머릿속엔 무엇이 들어 있을까? 아마도 그에게 부를 선사해 줄 맨해튼의 모든 건물의 위치와 모양, 높이와 가격 정보가 빼곡하게 정리되어 있을 것이다. 멀리서 야경을 바라보는 수직과 수평의 풍경이 아니라 뇌를 연상시키는 구형의 새로운 프레임을 만들었다. 익숙했던 풍경이 새로운 의미가 되어 각인되는 것이다. 새로운 시선은 이처럼 타인의 머릿속에 걸어 들어갈 때 선물처럼 주어지기도 한다.

이러한 한끗 차이는 생각보다 큰 효과를 불러일으킨다. 제국주의 시대에 식민지를 건설한 서구 열강은 여럿 있었다. 그중에서 가장 대표적인 국가는 영국이다. 세계 영토의 4분의 1이 대영제국의 소유였으니 말 그대로 '해가 지지 않는 나라'였던 셈이다. 그런데 세계사나 국제 정세와 관련된 기사를 볼 때 식민지 지배를 받았던 국가가 자발적으로 영연방에 가입했다는 것이 참 의아하곤 했다. 제1차 세계대전 이후 설립된 영연방에는 무려 56개국이 가입해 있다. 심지어 이중에는 영국 식민지가 아니었던 나라들도 여럿 포함되어 있다고 하니 일본의 식민 지배를 받았던 우리나라의 국민 정서로서는 도무지 이해가 가지 않는 일이다.

보통 식민지 지배 시에는 경제적 수탈뿐 아니라 문화와 언어 말살 정책이 당연한 듯 행해진다. 그러다 보니 독립하는 과정도 쉽지 않다. 끔찍한 전투가 반복될수록 죄 없는 민간인의 희생이 늘어나고 지배국과 피지배국 사이엔 깊은 원한이 생기게 마련이다. 그런데 영국은 조금 달랐다. 물론 인도처럼 직접 지배한 나라도 있었고, 그 나라 국민들에게 비도적적인 짓도 많이 한 게 사실이다. 그러나 일부 지역을 제외한 대부분의 국가에서는 간접 통치 방식을 사용했다고 한다. 기존 토착 세력들이 권력을 유지하는 데 전혀 간섭을 하지 않은 것이다. 현지인들과 접촉이 적은 만큼 반감도 적을 수밖에 없었다. 또 식민지가 독립을 원하면 적당한 선에서 이익을 챙기고 물러났는데 다른 국가들이 수많은 이들의 희생을 치르며 격렬한 전쟁을 일으킨 것과는 다른 형태였다.

왜 이런 일이 발생한 것일까? 바로 프레임의 차이였다. 프랑스와 스페인이 식민국을 '영토'로 생각한 것과는 달리 영국은

'시장'으로 인식했기 때문이다.

영국은 산업혁명으로 자본주의의 문을 연 나라다. 그들에게 가장 중요한 문제는 급증한 공급량에 비해 수요가 부족하다는 것이었다. 영국은 공급과잉을 해결해야 했다. 다른 땅에서 새로운 시장을 개척하는 것이 중요했으므로 식민 형태는 상관없었다. 토착 세력의 권리를 인정해 주고 군사 지원이나 협력도 아끼지 않은 것도 이 이유 때문이다. 영토가 아니라 상업적인 성공이 필요했기 때문이다.

영국의 접근법은 꽤 성공적이었다. 지배 인력과 에너지를 아낄 수 있었고, 수많은 이들의 희생을 줄일 수 있었으니 말이다. 식민지 지배국과도 원한 관계가 아닌 호의적인 협력 관계를 유지할 수 있었던 것, 역사의 방향을 돌린 것 또한 단순한 프레임의 차이였다.

뇌를 리부팅하는 인지심리학적 TIP

▶▶ 새로운 프레임을 찾기 위하여 다른 분야의 기사나 논문을 읽어 보세요.
▶▶ '이 문제를 어떻게 해결할 수 있을까?'에서 '이 문제를 왜 해결해야 할까?'로 질문을 바꿔 보세요.

05
정확한 분석이 만든
성공의 프레임

기존 프레임을 점검하고, 설득을 위한 프레임의 방향을 설정했는가? 이제 본격적으로 프레임을 구성하기 전에 반드시 해야할 일이 있다. 바로 상황을 정확히 분석하고 정보를 명확히 파악하는 것이다.

헬리녹스(Hellinox)는 캠핑 및 아웃도어 장비를 제조하는 한국의 프리미엄 브랜드다. 경량 알루미늄 프레임을 사용한 접이식 캠핑 의자와 테이블은 내구성이 뛰어나면서도 휴대하기 좋아 캠퍼들에게 인기를 끌고 있다.

헬리녹스가 탄생할 수 있었던 배경에는 모기업인 동아알루미늄(DAC)의 기술력이 있었다. 고강도 알루미늄 합금을 만드는 이 회사는 미 육군에도 알루미늄을 공급하는 숨은 강자였다. 세계에서 가장 우수한 기술력이 있었지만 OEM(Original Equipment Manufacturer) 기업으로는 어쩔 수 없는 한계점을 느끼고 있을 때, 이들은 아웃도어 브랜드 중에서 압도적인 기술력을 가진 회사는 없다는 상황 정보를 파악하게 된다. 기술력만큼은 확실했기에 아웃도어 신규 브랜드를 론칭하기 위한 기반은 충분했다.

헬리녹스의 첫 번째 제품은 2012년에 출시된 '체어 원(Chair One)'이다. 가볍고 단단한 캠핑용 의자로 출시 이후 글로벌한 인기를 얻었다.

시장에는 엄청나게 다양한 캠핑 용품이 있다. 후발 주자가 프리미엄 브랜드로 올라선다는 것은 사실 쉬운 일이 아니었다. 이 또한 헬리녹스가 파악한 상황 정보였다. 그래서 이미 포화된 시장에서 다른 브랜드와의 직접적인 경쟁을 피하고, 자사의 기술력이 뚜렷한 강점으로 작용할 수 있는 제품에만 집중했다. 타사에서는 함부로 따라하기 어려운 제품을 만들어 낸 것이다.

슈프림, BTS 등과의 협업을 통해 프리미엄 브랜드 이미지를 강화하고, 브랜드의 문화적 가치를 공유하는 고객층을 타겟으로 차별화된 장점을 확보하기도 했다. 사실 캠핑 용품을 직접 써 보기 전엔 좋은지 나쁜지 알기 어렵다. 직접 체험하고 경험해 본 후에 구매하고자 하는 고객들의 욕구를 충족시키기 위해 헬리녹스는 크리에이티브 센터를 설립했다. 이곳에서는 다양한 캠핑용 의자, 테이블, 텐트를 실제로 사용해 보며 품질과 편안함을 직접 경험할 수 있다.

이와 같은 상황 정보의 파악은 헬리녹스를 단순한 OEM을 넘어 기술력과 가치를 찾는 소비자들에게 매력적으로 다가가는 브랜드로 만들어 주었다.

더치 브로스(Dutch Bros)는 최근 미국의 Z세대(1990년대 중반에서 2000년대 초반 출생) 사이에서 스타벅스보다 매력적인 커피 브랜드로 인식되고 있다.

스타벅스는 주로 '사이렌 오더' 앱을 통해 비대면 주문을 강조하는 것에 비해 더치 브로스는 사람과 사람이 마주하는 따뜻한 서비스를 브랜드의 가치로 삼고 있다. 한 고객이 남편을 잃고 실의에 빠졌을 때 더치 브로스의 직원들이 손을 잡고 기도하며 위로해 준 사례가 있었다. 이들의 진심 어린 행동이 소셜 미디어를 타고 퍼지면서 많은 이들을 감동시키기도 했다.

더치 브로스는 어떤 프레임으로 이 시장을 바라보았을까? 세 가지 질문의 답을 찾아보며 사례를 분석해 보도록 하자.

1. 현재 눈에 보이는 상황 정보는 무엇인가?

2. 반드시 찾아야 할 상황 정보는 무엇인가?

3. 형성해야 할 프레임은 무엇인가?

먼저 첫 번째 질문에 대해 생각해 보자. 현재 눈에 보이는 상황 정보는 무엇인가? 지금 소비자들에게 호응을 얻고 있는 커피 브랜드들은 저마다의 강점과 철학이 있다. 스타벅스는 커피가 아닌 '시간과 공간을 파는 가게'로 자리매김했고, 블루보틀은 스페셜티 커피로 본질에 집중하였다. Z세대는 현재와 미래의 주요 소비자이고, 기존 세대와는 다른 특별한 특징을 가지고 있다는 것도 쉽게 찾을 수 있는 상황 정보다.

두 번째 질문부터는 준비가 필요하다. 반드시 찾아야 할 상황 정보는 무엇인가? 정말 눈에 보이는 상황 정보가 다였을까? 혹시 놓치고 있는 상황 정보는 없는가?

스타벅스와 블루보틀의 사례에서 우리는 커피를 마시는 행위가 단순한 음료 소비를 넘어서는 문화적 경험이라는 것을 알 수 있다. 그리고 코로나 이후 대부분의 상점에서는 키오스크를 설치하여 비대면 중심으로 변화하고 있다. 편리성과 안정성을 중요하게 생각하는 고객들도 있지만 '우리 동네 커피 가게' 느낌을 선호하는 고객층도 분명히 존재할 것이다. 이런 경향은 인구 밀도가 높은 한국의 도시에 비해 미국의 중소도시처럼 인구 밀도가 낮고 넓은 지역에서 두드러지게 나타났으며 대형 체인점보다 독창적이고 개성 있는 경험을 중요하게 생각하는 Z세대에게 강하게 부각되었다. 그들은 대형 브랜드보다는 소박하고 개인적인 경험을 더 가치 있게 여기며 우리 동네의 힙한 공간이나 나만의 커스터마이징이 가능한 소비 방식을 선호한다. 어릴 때부터 디지털 환경에서 자라면서 이전 세대가 만들어 온 소비 중심 문화를 지켜보았고 그 명과 암을 동시에 인식한 덕분일 것이다.

그렇다면 마지막, 형성해야 할 프레임은 무엇일까?

더치 브로스(Dutch Bros)는 사람 냄새 나는 우리들만의 동네 커피점이라는 프레임으로 시장에 접근했다. 드라이브 스루 매장으로 운영함에도 불구하고 직원들이 차에 가서 직접 주문을 받는 방식으로 운영한 것이다. 손님과 직원 간에 자연스럽게 스몰 토크가 이루어지면서 끈끈한 관계가 유지되었다.

사람을 강조하는 건 고객과 직원 모두에게 적용된다. 3년 이상 근무한 직원만이 매장을 낼 수 있고, 가맹점을 열기 위한 기본 준비를 본사가 담당해 준다.

직원들의 따뜻한 서비스와 감동적인 사례들이 소셜 미디어를 통해 공유되면서 더치 브로스의 진정성 있는 브랜드 이미지가 널리 퍼지는 데 기여했다.

또한 더치 브로스는 음료를 커스터마이징이 가능하도록 준비하였다. 하얀 좀비, 공룡알 반란군과 같은 다양한 시크릿 메뉴는 그대로 소셜 미디어에 인증샷으로 올라가면서 자연스럽게 바이럴이 되었다.

더치 브로스의 전략과 접근 방식을 정리해 보면 다음과 같다.

1. 현재 눈에 보이는 상황 정보
- 대부분 상점에서 키오스크 도입 → 비대면 중심으로 변화.
- 스타벅스는 시간과 공간을 제공, 블루보틀은 스페셜티 커피에 집중.
- Z세대는 똑같은 메뉴보다 커스터마이징을 통한 개성을 추구하는 경향이 있음.

2. 반드시 찾아야 할 상황 정보
- 커피 마시는 행위가 음료 소비를 넘어서는 경험임.
- 고객층 중에서 '우리 동네' 느낌의 커피숍을 선호하는 사람들도 있음.
- 입소문과 소셜 미디어를 통해 긍정적인 브랜드 이미지 형성이 가능함.

3. 형성해야 할 프레임

- 정서적 교감을 제공하는 카페로서의 차별화.
- 진정성 있는 관계를 통해 고객과 연결하는 브랜드 정체성.
- Z세대와 알파 세대가 공감하고 지지할 수 있는 브랜드 이미지 구축.
- 고객 로열티와 브랜드 충성도를 높이는 경험 설계.

이러한 상황 정보 파악을 기반으로 한 프레임 덕분에 더치 브로스는 단순히 '커피를 파는 브랜드'를 넘어서 '정서적 연결을 제공하는 브랜드'로 무사히 안착했다. 새로운 아이디어를 정리할 때 전략과 시장 접근 방식을 공식으로 정리해 보자. 각 단계가 비즈니스 목표와 연결되면서 구체적인 실행 방향 또한 제시할 수 있을 것이다.

남과 다른 시선으로 프레임을 짜는 것은 중요하지만 상황 정보가 뒷받침되지 않으면 뜬구름 잡는 식의 결론이 나올 수 있다. 한 번 짠 프레임이라도 상황 정보의 정확도나 변화에 따라 언제든 유연하게 바꿀 수 있다는 것도 기억하길 바란다.

뇌를 리부팅하는 인지심리학적 TIP

▶▶ 상황 정보를 파악하기 위해 정기적으로 산업 보고서나 최신 트렌드를 조사하세요.

▶▶ 고객이 제품 또는 서비스를 처음 접하는 순간부터 구매 후까지의 전 과정을 시각적으로 맵핑하세요.

프레임을 제대로 만들고 싶다면,
상황을 정확히 분석하고 정보를 명확히 파악하라!

06
재구조화를 위한 질문:
나의 업을 재정의하라

어떻게 해야 새로운 시각이 생길 수 있을까? 또 새로운 프레임은 어떻게 만들 수 있을까? 우리 팀의 기획안과 프로젝트에 당장 적용할 수 있는 생각보다 쉽고 간단한 방법이 있다. 살짝 빗겨 가더라도 결론에 도달할 수 있는 치트키 같은 방식이다. 그것은 다음의 문장을 슬쩍 채우는 것이다.

나는 [＿＿＿＿＿＿＿＿＿＿]이다.
내가 하는 일은 [＿＿＿＿＿＿＿＿＿＿]이다.

나와 내 일을 정의하는 것. 내 직업의 재구조화를 위한 쉬운 지름길이다. 하지만 바로 떠오르는 첫 번째 단어나 문장은 버리

자. 내가 기존에 알고 있던 정의가 아닌 새로운 정의를 내려야
한다.

컬리의 김슬아 대표는 어느 인터뷰에서 이런 말을 한 적이
있다.

"저는 비전을 제시하는 사람이 아니라 VOC(Voice of Customer)
를 읽는 사람입니다."

수많은 대기업 경쟁사를 제치고 유통업계에서 눈부신 성장
을 기록한 브랜드의 대표가 스스로 정의 내린 자신의 업무였다.
실제로도 그녀는 하루 중 가장 많은 시간을 고객 리뷰나 반응을
꼼꼼히 살피는 데 쓴다고 한다. 컬리의 VOC팀은 고객의 작은
컴플레인에도 세심하게 신경 쓰고 품질뿐 아니라 제품 설명 페
이지에 대한 의견까지 귀 기울여 듣는다.

젠틀 몬스터의 김한국 대표는 자신의 일을 가리켜 "저의 일
은 브랜드 업입니다"라고 말한 바 있다. 젠틀 몬스터는 브랜드
의 정체성을 확립하고 이를 통해 글로벌 시장에서 경쟁력을 갖
추는 데 집중하고 있다.

젠틀 몬스터는 단순히 매출 증가보다는 브랜드의 고유한 가
치를 쌓는 데 집중하였고, 명품 반열에 오른 좋은 사례다. 김한

국 대표의 철학에 따라 젠틀 몬스터는 제품을 넘어 경험과 정체성을 전달하는 것을 목표로 삼았다.

2023년 3월, 젠틀몬스터는 블랙핑크 제니와 협업하여 '젠틀가든'이라는 팝업 스토어를 선보이기도 했고, 북촌의 오래된 목욕탕을 개조하여 쇼룸을 열기도 했다. 매장 곳곳에 설치된 대형 조형물들은 소비자들에게 젠틀몬스터만의 정체성을 각인시킨다. 단순히 매출을 올리기에 집중했다면 브랜드의 완성도와 고유한 이미지는 구축하기 어려웠을지도 모른다.

스탠리 텀블러의 테렌스 라일리(Terence Reilly) 대표는 텀블러를 아웃도어 용품이 아닌 '라이프스타일 아이템'으로 재해석했다. 거칠고 기능적인 이미지에서 벗어나 트렌디함을 선호하는 사람들을 겨냥한 것이다.

테렌스 라일리는 크록스에 재직할 때에도 단순히 편안한 신발로 알려진 브랜드를 패션 트렌드를 선호하는 아이템으로 재탄생시킨 것으로 유명하다.

프레디 하이네켄(Freddy Heineken) 회장은 자신들은 '맥주가 아닌 즐거움을 판다'고 말한다. 그 신념 아래 하이네켄은 사람들이 즐거운 순간 자신들의 제품을 찾도록 유도했다. 가짜 콘서트나 가득 찬 맥주 냉장고와 같은 독특한 광고도 이런 맥락에서 나왔다. 2009년에 진행된 가짜 콘서트는 정말 기발했다. 직장 상사나 여자친구를 따라 클래식 콘서트에 온 축구팬들을 대상으로 벌어진 깜짝 이벤트였다. 공연 중간에 "애인에게 싫다고 말하기 힘드셨죠?" "상사의 말을 거절하기 힘들었죠?"라는 문구가 나오더니 갑자기 챔피언스 리그 주제곡이 연주되고 대형 화면에 축구 경기가 생중계된 것이다. 이 이벤트는 스카이스포츠를 통해 약 150만 명이 시청하였고 뉴스에도 소개되었다. 이후 2주 동안 하이네켄 홈페이지에는 500만 명 이상이 방문했다고 하니, 하이네켄의 프레임이 대중들에게 매력적으로 작용했다고 볼 수 있겠다.

최근 하이네켄은 전화와 문자 정도만 가능한 보링 폰(boring phone)을 출시했는데, 이는 소셜 미디어 말고 직접 사람을 만나 즐거움을 만끽하자는 캠페인의 일종이었다.

룰루레몬의 캘빈 맥도날드(Calvin McDonald) 대표 역시 룰루레몬이 '옷이 아니라 경험을 파는 회사'라고 밝힌 바 있다. 그 프레임에 기반하여 기존 운동복을 입었을 때 고객이 느끼는 불편함을 개선하는 데 초점을 맞추어 소재 개발과 기능에 집중하였다. 또한 고객 커뮤니티를 구축해 피드백을 적극적으로 수렴하고 제품 개선에 반영하기 위해 노력하였다. 룰루레몬은 고가의 운동복 브랜드임에도 불구하고 어머니와 딸이 함께 착용하는 브랜드로 자리매김하였다. 초기 타깃이었던 32세 전문직 여성들이 이제는 10대 딸을 가진 엄마가 되면서 브랜드의 고객층이 자연스럽게 확장된 결과다.

자, 이제 다시 처음으로 돌아가 보자. 내 업에 대한 나만의 정의를 다시 만들어 보면 어떨까. 하지만 여기서 또 고민에 빠진다. 갑자기 재정의를 내리라니, 그것 역시 막연하고 어렵기 때문이다. 좋다. 한 번만 더 돌아가자. 나를 정의하기 위해 지금 나의 경쟁 상대를 찾아 보자. 우리 회사나 내가 하는 업무의 라이벌은 반드시 있게 마련이다. 이 작은 시장에서 우리는 누군가와 같은 소비자를 두고 보이지 않는 다툼을 해야 한다. 상대는 드러나 있을 수도 있고, 숨어 있을 수도 있다. 그 상대를 찾을 수 있다면, 새로운 정의 또한 가능해지지 않을까? 나의 경쟁 상대를 찾는 것은 일을 대하는 우리에게 새로운 눈을 선사해 줄 것이다.

나이키가 그들의 경쟁 상대를 아디다스나 리복이 아니라 닌텐도로 정의했다는 것은 널리 알려진 이야기다. 세계 1위 스포츠 업체인 나이키의 성장세가 꺾이기 시작했던 것은 아디다스 탓만은 아니었다. 1990년대 후반 불어닥친 닌텐도 열풍이 운동화를 신고 밖으로 나가야 할 고객들을 집 안에만 머무르게 한 것이었다. 시장이 아닌 '시간' 점유율에서 밀린 것이다. 시간이 지남에 따라 나이키의 경쟁자는 바뀌고 있다. 이후 유튜브나 넷플릭스를 새로운 라이벌로 정의하였다. 지금 위기에 처한 나이키는 새로운 시선으로 경쟁 상대를 다시 찾아봐야 하지 않을까?

최근 금융업계는 스타벅스를 그들의 경쟁 상대로 언급했다. 스타벅스의 멤버십 카드에 충전된 금액은 미국 중소은행 예치금 규모와 맞먹을 정도라고 하니, 충분히 공감이 가는 통찰이다. 더군다나 스타벅스는 고객에게 이자도 지급하지 않는데 말이다.

국내 호텔 부대시설 담당자들의 경쟁상대는 누구일까? 담당자들은 다른 호텔 업체가 아니라 인스타그래머에게 각광받는 포토제닉한 장소를 경쟁자로 손꼽았다. 호캉스를 오는 고객을 보면 말 그대로 100% 쉬러 오는 게 아니라는 점을 포착한 것이다. 그래서 최근에는 인스타그램에 올릴 만한 예쁜 곳, 다양한 미식 경험 등 소셜 미디어에 올리기 적합한 매력적인 F&B 시설을 갖추는 데 초점을 맞추고 있다.

자신의 업을 재정의하거나 새로운 경쟁 상대를 찾는 단순한 작업만으로도 기존의 고정관념에서 벗어나 새로운 프레임을 짤 수 있는 기회가 생긴다. 더 넓은 시야로 창의적으로 접근하고 전략적으로 생각해 보자. 막혀 있는 상황에서 더 나은 해결책을 발견하게 될지도 모른다.

다시 여러분의 이야기로 돌아오자. 나의 경쟁 상대는 누구일까. 나의 업은 어떻게 정의할 수 있을까. 또 나는 어떤 사람일까. 내가 선택한 언어로 새로운 프레임을 만들어 보자. 기존과는 조금 다른 생각의 방향이 놀라운 결과로 이어지기를 소망한다.

뇌를 리부팅하는 인지심리학적 TIP

▶▶ 완전히 생소한 장르에서 라이벌을 찾아보세요.
▶▶ 나와 나의 일, 제품에 대한 정의를 새롭게 세워 보세요.

익숙함을 깨고 생소한 장르에서 라이벌을 찾아라,
새로운 프레임이 생각의 방향을 바꾼다!

07
새로운 언어로
나의 '일'을 정의하라

앞서 다른 프레임을 짜기 전에 독자들에게 나와 내 일에 대한 재정의를 해 보길 권했다. 생각은 언어와 함께 간다. 따라서 어휘를 살짝 바꾸는 것만으로도 생각의 변화를 가져올 수 있다.

에르메스, 샤넬, 루이비통……. 이름만 들어도 입이 떡 벌어지는 제품들. 우리는 이처럼 비싸고 좋은 브랜드를 일컬어 '명품'이라고 한다. 그런데 명품이란 단어는 우리나라에서만 쓰는 표현이라고 한다. 영어로는 'Luxury Product' 말 그대로 사치품이란 뜻이다.

같은 제품을 지칭하지만 명품과 사치품은 참 다른 느낌을 준다. 사치품이라고 하면 꼭 필요하다는 생각은 들지 않는다. 오히려 조금 거부감이 드는 것도 사실이다. 그러나 명품이란 말은 다르다. '그렇게 잘 만든 제품이라니, 나도 한 번쯤은 꼭 갖고 싶다'는 생각을 해 보게 된다.

사실 우리나라에서도 처음부터 명품이란 단어를 사용한 것은 아니었다. 1990년대 이전까지만 해도 다른 나라에서처럼 사치품이란 말이 통용되었다. 1990년 압구정 로데오 거리에 갤러리아 백화점이 생길 때 해외의 고가 브랜드를 판매하는 곳에 '명품관'이라는 이름을 붙인 것이 시초였다. 물론 이 어휘를 적재적소에 잘 활용한 마케터들의 노력도 한몫했을 것이다. 현재 우리나라는 전 세계에서 1인당 명품 소비 지출이 가장 높은 '큰손' 국가로 알려져 있다. 이를 한국인의 허영심이나 물질만능주의, 소셜 미디어 이용률과 깊은 관련이 있는 것으로 분석하는 전문가들이 많다. 그러나 '명품'이라는 단어 하나가 건드리는 은밀한 욕구도 무시하기 어려울 것이다.

최근 한국뿐 아니라 전 세계에서 젊은층이 명품을 대하는 태도나 인식도 많이 바뀌었다. 그 배경엔 명품에 대한 정의에 새로운 프레임을 적용한 베르나르 아르노(Bernard Arnault) 회장이 있었다고 본다. 루이비통, 디올, 지방시, 셀린느, 펜디, 마크 제이콥스와 같은 패션뿐 아니라 겔랑, 메이크업 포에버, 프레쉬, 베네피트와 같은 화장품, 돈 페리뇽, 모에샹동, 헤네시와 같은 주류, 백화점, 리조트, 면세점까지 80여 개의 명품 브랜드를 소유하고 있는 세계 최고의 명품 제국, LVMH 그룹의 회장 베르나르 아르노는 회사의 창업자도 아니고, 명품 브랜드를 만든 적도 없었다. 그러나 현재의 명품 산업은 그의 손에서 탄생했다는 평가를 받는다. 세계의 부는 커질 것이고 명품의 수요는 높아질 것이라고 그는 예측했고, 빠른 속도로 많은 브랜드를 인수했다. 회사의 덩치가 커질수록 더 좋은 자재를 구매하고 물류와 전산 비용을 줄였다. 물론 매장 임대 차원에서도 협상력을 갖게 되었다고 평가 받고 있다.

한편에서는 명품을 너무 공장처럼 찍어내는 게 아니냐는 비판도 있다. 그러나 아르노는 '명품이 무엇인가에 대한 개념은 사람마다 다르다'라는 말로 일축했다고 한다. 고객이 만족하면 된다는 말이었다. 그가 회장으로 취임하면서 한 말이 전해진다.

"그동안의 명품이 극소수의 장인이 오랜 노력을 통해 소수의 고객에게 제공하는 제품이었다면, 앞으로는 유명한 디자이너가 만든 고가의 제품이 될 것이다."

명품에 대한 기존의 정의를 빗겨 간 새 정의였던 셈이다. 말뿐 아니라 그는 실제로 뛰어난 디자이너를 발굴하여 지원하였고, 자유롭게 운영할 수 있게 역할을 주었다. 결국 개별 브랜드의 개성과 특성을 살리는 식으로 발전하였다. 그리고 고객들은 만족했다.

언어의 차이는 생각의 차이를 만든다. 단어와 문장을 바꾸는 것만으로도 새로운 시선이 생기고, 그 시선은 우리가 앞으로 나아가야 할 방향을 완전히 바꿀 수도 있다. 내가 기획하는 프로젝트에는 어떤 언어가 어울릴까? 어떤 스토리텔링을 붙이고, 어떤 은유와 상징으로 언어화할 수 있을까? 내가 새롭게 사용한 언어로부터 프레임의 재구조가 시작될 것이다.

뇌를 리부팅하는 인지심리학적 TIP

▶▶ 당신의 제품이나 서비스를 설명하는 언어를 더욱 긍정적인 표현으로 바꿔 보세요.

▶▶ 타깃 고객층에 따른 언어를 사용하여 맞춤형 메시지를 전달해 보세요.

08
목적 없는 대화가
새로운 프레임을 만든다

새로운 시각으로 기존의 프레임에서 벗어나야 한다는 것을 머리로는 이해한다고 해도 사실 말처럼 쉽지만은 않다. 오랜 시간 내면에서 쌓아 올린 사고의 틀을 하루아침에 바꾼다는 것은 그리 간단하지 않다. 게다가 소셜 미디어의 알고리즘은 나의 관심사, 선호, 그리고 이전의 관습에 따라 정보를 선택적으로 필터링하여 노출한다. 다양성이 강조되는 세상이지만 오히려 역설적으로 필터 버블 현상은 우리를 더 견고한 프레임 안에 갇히게 만들어 주는지도 모를 일이다. 어떻게 해야 새로운 프레임이 형성될 수 있냐고 묻는 사람에게 내가 종종 해 주는 조언이 있다.

"나와 완전히 다른 사람과 목적 없는 대화를 해 보세요."

세상엔 나와 전혀 다른 배경과 문화, 인식을 가지고 있는 사람들이 있다. 그들의 곁에서 별다른 목적 없이 부딪혀 보는 것도 필요하다. 여기서 중요한 것은 '목적이 없어야 한다는 것'이다. 만약 목적이 있다면 논쟁을 피하기 어려울 것이다.

나보다 훨씬 어린 후배와 회사 밖에서 잠깐 티타임을 가지면서 시답잖은 농담을 해 보거나 집에 와서 내 아이에게 업무 이야기를 툭 하고 꺼내 놓거나, 가끔은 단골 식당 이모님과 수다도 떨어 보자.

다달이 회비를 내고 독서 클럽에 가입하는 직장인들도 많다. 책을 읽고 토론하는 것이 모임의 주요 목표지만 모든 모임이 그렇듯이 주제와는 상관없는 개인적인 일상 이야기도 많이 나눈다. 이 모든 것이 친분을 도모하거나 서로를 이해하는 사회적 활동인 셈이다. 그런데 중요한 점은 이런 이야기 안에서 전혀 다른 프레임의 도화선이 되는 중요한 영감을 얻는 경우가 많다는 것이다. 아무런 목적 없이 '저 사람은 저런 생각을 하는구나' '그럴 수도 있겠구나' 하는 태도로 시간을 흘려보내는 것이다. 정서적으로 편안한 상태일 때 우리는 타인의 새로운 관점에 마음을 열게 된다. 그 자리엔 상상력과 함께 창의적인 생각이 활짝 싹을 틔울 것이다.

새로운 프레임이란 거창하게 무언가를 재조직하고 완전히 새로 만드는 게 아닐 수도 있다. 그냥 살짝 비틀어서 옆에서 바라보는 것만으로도 다른 길을 찾을 수 있다. 중요한 것은 그 시선의 방향이다.

어느 정도 자라 성인이 된 모든 인간은 자신만의 프레임을 갖는다. 아니 가져야만 한다. 사물을 관찰하듯 나의 프레임을 낱낱이 분석해 보자. 잘못된 상황 정보로 프레임을 만든 건 아닌지, 과장되거나 왜곡되진 않았는지, 프레임을 미세 조정하며 수정할 기회는 앞으로도 많이 남아 있다. 당신의 프레임이 유연하고 창의적이며 유머러스하길. 그래서 세상에 영감을 안겨 주는 혁신적인 발상을 만들어 내길 응원해 본다.

뇌를 리부팅하는 인지심리학적 TIP

▶▶ 다른 부서나 산업에 있는 친구와 동료들과 만나 이야기를 나누어 보세요.
▶▶ 업무와 무관한 사람들과 목적 없는 대화를 즐기며 새로운 관점을 발견해 보세요.
▶▶ 매일 같은 환경이나 루틴에 갇히지 말고 사소하지만 작은 변화를 줘 보세요.

버퍼링 타임 활용 가이드: 재구성의 기술

창의는 새로운 것을 만들어내는 것만이 아닙니다. 익숙한 것을 새롭게 바라보고 재구성할 때 더 깊은 통찰이 탄생합니다. 이 페이지를 통해 관점을 비틀고, 일상을 다시 정의하며 창의적 사고의 가능성을 확장해 보세요.

1. 생각의 액자 비틀기

- 주변에 있는 사물을 하나 선택하세요. 그것을 하나의 '문제'로 생각하고, 5가지 다른 관점(디자인, 비용, 사용성, 환경적 영향, 감정적 반응)에서 새롭게 해석해 보세요.
- 예: '의자'를 사용자의 피로도 감소라는 관점에서 분석한다면 어떤 새로운 기능이 필요할까요?

2. 나만의 '업'을 재정의하기

- 현재 하고 있는 일의 가치를 한 문장으로 표현해 보세요.
- 그 문장을 다시 한 번 다른 방식으로 작성해 보세요. (예: 고객 상담 → 고객의 문제 해결을 통해 신뢰를 창출한다.)
- 새로운 정의를 바탕으로 업무 목표를 어떻게 바꿀 수 있을지 적어보세요.

3. 데이터로 더 나은 결론 내기

- 이미 알고 있는 통계나 정보를 하나 선택하고, 그것을 3가지 다

른 방식으로 해석해 보세요.

- 예: 50%의 고객이 제품에 만족한다 →

  (1) 만족하지 않는 50%를 위한 개선안 필요

  (2) 만족하는 지점에 따른 차이 확인

  (3) 만족도를 높일 추가적인 지원 가능성

4. 목적 없는 대화 시뮬레이션

- 전혀 관련 없는 주제에 대해 주변 사람과 대화를 나눠보세요. 예를 들어, '일상에서 꼭 필요한 물건은?' 같은 가벼운 질문을 시작하세요.
- 대화 속에서 자신이 놓쳤던 새로운 관점을 발견할 수 있는지 적어보세요.

4 버퍼링 씽킹 4단계

연결하라,
낯선 것들을 엮어
혁신하라

창의가 완전히 새로운 걸 만드는 거라 믿는가?
아니다. 창의는 기존의 것을 새롭게 엮는 기술이다.

AI가 같은 데이터를 되풀이할 때 무의미한 결과가 나오는 것처럼,
연결 없는 사고는 결국 자기복제에 불과하다.
예술과 과학, 역사와 인문학처럼 전혀 다른 것들이 만날 때,
진짜 창의적 통찰이 탄생한다.
지금, 당신은 어떤 연결을 만들고 있는가?

01
혁신은 발명이 아닌 연결에서 온다

창의적 발상에서 핵심적인 역할을 하는 요소 중 하나는 '연결'이다. 인류 역사 안에서 창의적인 발상을 이루어 낸 사람들은 다양한 분야의 아이디어와 경험을 내면에서 연결하였고, 놀라운 혁신을 이루어냈다.

2005년 스탠포드 대학 졸업식, 스티브 잡스의 축사 연설은 역사에 남는 위대한 명연설로 우리 기억에 남아 있다. 애플을 만들고 세계 최고의 기업으로 자리매김한 스티브 잡스. 그의 발명품인 아이폰은 디지털 혁명을 이끌었고 이전 세대와는 전혀 다른 신인류의 모습을 탄생시켰다. 그의 창의적 역량과 정신은 어떤 과정을 통해 발현되었을까. '커넥팅 더 닷츠(Connecting the

Dots)'로 요약되는 잡스의 축사 연설은 창의적인 생각이 어떤 식으로 발현되는지 한마디로 보여 준다.

청년 시절, 비싼 대학 학비에 부담을 느낀 잡스는 지금 배우는 과목들이 별 도움이 되지 않는다고 생각해서 다니던 리드 칼리지를 중퇴하기로 마음먹는다. 학업을 중단했음에도 불구하고 딱 한 과목만큼은 청강생으로 남아 수업을 들었는데, 그게 바로 캘리그래피 수업이었다. 당시에는 그저 글씨의 아름다움과 예술성에 매료되었고 학점과 관계없이 자유롭게 공부할 수 있는 점이 좋았다고 한다. 그때만 해도 잡스는 이 수업이 그의 삶에 큰 영향을 끼칠 거라고는 생각하지 못했다.

그러나 전혀 엉뚱한 곳에서 연결이 일어났다. 훗날 애플을 설립하고 매킨토시 컴퓨터를 설계할 때, 과거에 들었던 타이포그래피 지식들이 툭툭 튀어나와 기업의 중요한 방향을 설정하게 된 것이다. 잡스는 엔지니어였지만 예전에 들었던 수업 덕분에 서체와 레이아웃의 중요성을 완전히 이해하고 있었고, 이 모든 경험과 지식은 매킨토시 설계에 반영되었다.

실제로 매킨토시의 타이포그래피는 기존의 컴퓨터 서체와 상당한 차이가 있었다. 기존의 컴퓨터 서체는 시각적으로 단조롭고 가독성도 떨어졌지만 매킨토시는 문자마다 다른 너비를 적용했고 다양한 서체를 선택했다. 읽기 쉬우면서도 아름다운 서체 덕분에 매킨토시는 단순한 개인용 컴퓨터를 넘어서 디자인과 출판 산업의 중요한 도구로 사용되기도 했는데 이는 기능적으로도, 미학적으로도 매우 혁신적인 결과였다.

하지만 이런 모든 결과는 캘리그래피 수업을 청강할 때만 해도 예상치 못했고, 돌이켜 보니 모든 것이 연결되어 있었음을 알게 된 것이다. 스티브 잡스는 연결은 미리 예상해서 계획할 수 있는 것이 아니라는 것을 강조하였다. 창의적인 생각을 해나가는 과정에서 과거의 경험이 연결된다는 것이다. 미래에 어떻게 도움이 될지 미리 알 수는 없으나, 결국 이 모든 것이 연결된다는 믿음을 갖고 나아가라는 메시지를 전달했다.

포드사의 헨리 포드(Henry Ford)는 나는 새로운 것을 발명하지 않았고, 단지 다른 사람들의 발명을 연결했을 뿐이라는 유명한 말을 남겼다. 그의 말대로 포드는 자동차를 처음 만든 사람은 아니었지만 기존의 기술과 아이디어를 새로운 방식으로 결합하여 자동차 산업의 새 물결을 일으켰다. 헨리 포드는 1913년, 당시 시카고의 돼지 도축장에서 상용화되었던 컨베이어 벨트를 자동차 공장에 최초로 적용하였고 표준화된 부품을 사용하였다. 이렇게 공정이 자동화되자 자동차 대량 생산이 가능해

졌고, 가격은 합리적인 수준으로 낮아졌다. 미국의 중산층들이 '우리도 자동차를 가질 수 있겠는데?'라고 생각하게 한 장본인이 되었다.

창의가 반드시 새로운 발명을 의미하는 것은 아니다. 연결하는 것만으로도 효율성과 접근성을 높이고 전체 시스템을 개선할 수 있다. 연결은 기존의 아이디어와 기술을 새로운 방식으로 결합하고, 그 결과는 우리가 예상을 뛰어넘는 놀랍고 새로운 모습으로 나타날 수도 있다.

잡스의 말대로 그 당시에는 몰랐던 것이 내재되어 있다가 중요한 순간 연결되는 경우도 있고, 혁신이 필요한 순간, 적극적으로 연결할 것을 찾아 나설 수도 있다.

우리의 생각과 경험에는 어떤 점들이 포진되어 있는가? 그리고 그것을 연결하면 어떤 놀라운 그림이 될 것인가? 연결이 창출해 내는 혁신적인 가치에 대해서 알아보자.

뇌를 리부팅하는 인지심리학적 TIP

▶▶ 서로 다른 경험과 지식을 연결하는 연습을 해 보세요.
▶▶ 다양한 경험을 열린 마음으로 받아들이고 이를 연결하는 훈련을 해 보세요.

02
낯선 연결이 혁신을 만든다

하나의 분야나 방법론으로는 해결되지 않는 문제들이 있다. 한 가지 문제에 몰두하고 집중했을 때 비로소 풀리는 아이디어도 있겠지만 때론 고개를 들고 넓은 시각으로 주변을 살펴보는 게 필요하다. 완전히 다른 분야의 지식과 아이디어가 특별한 의도와 목적 안에서 결합되었을 때 새로운 결과물이 나오기도 한다.

1970년대 후반, 제임스는 집 청소를 할 때마다 답답함을 느꼈다. 우리 집 진공청소기는 왜 이렇게 자주 막히고, 흡입력이 금방 약해지는 걸까. 자세히 살펴보니 먼지와 이물질이 진공청소기의 필터를 막고 있다는 것을 알 수 있었다. 당시의 진공청소기는 먼지와 이물질을 필터로 걸러내고 깨끗한 공기를 배출하는 방식이었기 때문에, 시간이 지나면서 필터가 막히는 건 어쩔 수 없는 한계였다.

하지만 목재 공장에서 사용하는 집진기는 달랐다. 나무를 자를 때 나오는 크고 작은 입자들을 제거하기 위해서 사용된 사이클론 집진기는 원심력을 이용해 공기 중에 먼지와 입자를 효과적으로 분리했다. 필터조차 필요하지 않았다. 제임스 다이슨 (James Dyson)은 이 원리를 가정용 진공청소기에 응용했고, 결국 강력한 흡인력은 물론 필터 막힘 문제까지 해결된 혁신적인 청소기를 시장에 선보였다. 이후 진공청소기 시장의 판도가 완전히 바뀌었다는 것은 이미 널리 알려진 사실이다.

그가 연결한 것은 목재 공장 집진기 기술과 가정용 청소기의 기술이었다. 산업용과 가정용으로 분리되어 사용되던 기술이 일상 안에 접목되면서 오래된 문제를 간단하게 해결할 수 있었다.

상어의 피부는 멀리서 보면 매끄러워 보이지만 가까이 다가가면 미세한 비늘이 있다. 그 비늘에는 작은 돌기가 튀어나와 있어 만져 보면 사포처럼 까끌까끌한 느낌이다. 그런데 이 미세 돌기가 마찰저항을 감소시키는 효과가 있다고 한다. 물과 돌기가 충돌할 때 작은 소용돌이가 만들어지는데 이것이 오히려 큰 물줄기를 부드럽게 흘러가도록 마찰력을 줄여준다는 것이다.

2008년 베이징 올림픽 수영 경기에서는 기존에 볼 수 없었던 광경이 펼쳐졌다. 일반적으로 선수용 수영복이라고 하면 손바닥만 한 작은 사이즈를 떠올리게 마련이다. 물과의 마찰을 줄여야 속도가 빨라진다는 건 모두의 상식이기 때문이다. 0.01초로도 판도가 바뀌는 기록 경쟁에서는 무엇을 입고 헤엄치는가도 중요한데, 이 때에는 놀랍게도 새로운 소재와 디자인의 수영복을 입은 선수들이 줄줄이 등장했던 것이다. 게다가 상체와 다리까지 감싸는 전신 수영복이니 관중들은 의아할 수밖에 없었다. (전신 수영복이 처음 등장한 시점은 2000년 시드니 올림픽이었으나, 2008년 베이징 올림픽에서는 대부분의 선수가 전신 수영복을 착용했다.) 이 특이한 장면은 바로 상어 비늘의 원리를 활용한 수영복의 등장 신(Scene)이었다. 수영복 섬유는 눈에 잘 보이지 않는 상어의 미세한 돌기를 흉내 내 만들었다. 이 섬유는 표면에 작은 소용돌이를 만들고 추진력 손실을 줄여 속도를 높여 주었다. 수영복의 효과는 실로 대단했다. 절대 깨지지 않을 것만 같은 기록들이 우르르 깨지며 연일 신기록이 쏟아져 나오니 기술적 도핑 논란까지 일으킬 정도였다. 이후 2010년에 국제수영연맹 FINA는 디자인과 재료에 대한 규정을 강화하고 전신 수영복 금지 결정을 내렸다.

전신 수영복의 기술 혁신은 자연과 기술의 연결이었다. 생존을 위해 자연스럽게 진화된 동식물의 생태학적 구조가 스포츠 기술에 결합되어 놀라운 기술적 발견으로 이어진 사례다.

동물에게서 찾은 생태학적 영감은 이것 말고도 다양하다. 도마뱀붙이 게코는 벽면을 기어 다니거나 심지어 천장에 거꾸로 붙어 있기도 하는데, 자신의 체중을 감당하는 이 비밀은 발바닥의 특수한 구조 때문이다. 발바닥에 붙어 있는 마이크로미터 단위의 미세한 강모와 나노미터 단위의 섬모가 서로 상호작용하면서 접착제가 아닌 물리적 힘으로 붙어 있는 것이다. 그래서 발을 특정 각도로 움직이면 쉽게 떨어지게 된다.

이미 게코 도마뱀의 강모를 흉내낸 게코 테이프나, 유리벽을 수직으로 올라갈 수 있는 로봇인 스티키봇이 개발되기도 했다. 현재 나사(NASA)에서는 이 기술을 이용해 태양광 패널이나 다른 우주선의 특정 부분에 붙거나 기어오를 수 있는 기술을 개발하고 있다고 한다.

위의 사례들은 완전히 다른 분야의 지식과 아이디어가 특별한 의도와 목적 안에서 결합된 것을 보여 준다. 창의적인 문제 해결 과정에서도 연결은 필수적이다. 특정 문제에서는 좀처럼 해결되지 않던 문제가 다른 분야의 경험과 지식을 통해 예상치 못하게 해결되는 경우가 많기 때문이다.

이 세계 안에는 내가 연결할 수 있는 다양한 대상이 존재한다. 그것을 탐색하는 것만으로도 창의적 문제해결과 혁신적 아이디어를 창출하는 데 도움이 될 것이다.

뇌를 리부팅하는 인지심리학적 TIP

▶▶ 때로는 자연에서, 때로는 다른 분야에서 새로운 아이디어를 찾아보세요.

▶▶ 해결되지 않는 문제가 있다면 시야를 넓혀 주변을 살펴보는 습관을 들여보세요.

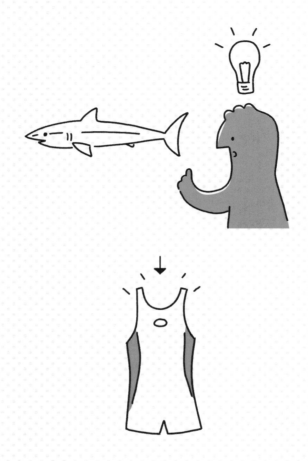

자연의 진화와 기술의 융합처럼,
완전히 다른 지식과 아이디어의 연결이 혁신의 시작이 된다.

03
시간을 연결하라:
트렌드와 감성을 만드는 법

커넥팅 닷츠(Connecting the Dots)는 단순히 대상과 대상만을 연결하는 데서 끝나지 않는다. 가끔은 과거의 시간을 현재와 연결하여 새로운 발상을 도출할 수 있다. 오래도록 유행이 지속되고 있는 뉴트로 또한 커넥팅 닷츠의 훌륭한 예시가 될 것이다.

뉴트로란, 새로움(New)와 복고(Retro)를 합친 신조어로, 복고를 새로운 방식으로 즐기는 스타일을 말한다. 최근 '힙'하고 '핫'하다는 거리에 나와 보면 마치 타임머신을 타고 1980년대와 1990년대의 어디쯤에 도착해 있는 듯한 느낌이 든다. 예전에 한참 즐겼던 패션과 음악 그때 그 감성이 가장 세련된 트렌드로 부상하고 있기 때문이다. 그렇다고 해서 모든 것이 예전 그대로는 아니다. 과거의 향수는 그대로 가져가되 현대적인 감각이 더해졌다.

그것은 기술일 수도 있고, 디자인일 수도 있겠다. 뉴트로라는 용어 때문에 굉장히 새로운 것 같지만 사실 유행은 원래 돌고 돈다. 그런데 이 시간의 연결이라는 전 세계적인 흐름에 누군가는 잠식당하지만 개중에는 슬기롭게 몸을 싣고 비즈니스의 성과를 내고 있는 기업들도 눈에 띈다.

요즘 옷 잘 입는다는 사람들 사이에서 핫하게 떠오르는 브랜드 아메레온도르(Aimé Leon Dore)는 뉴욕 퀸즈 출신의 테디 산티스가 만든 브랜드다. 뉴발란스, 팀버랜드, 뉴에라 등 다양한 콜라보레이션 제품으로 널리 알려졌고 특히 뉴발란스의 997, 990, 827, 550의 리메이크가 유명하다. 2014년에 설립된 아메레온도르는 불과 10년밖에 되지 않은 신생 브랜드지만 2022년 세계 최대의 명품 기업 LVMH가 지분을 투자하여 또 다시 화제가 되었다. 스트리트 패션과 같은 새로운 트렌드에 민감한 젊은 소비자층을 공략하기 위한 전략으로 보인다.

아메레온도르의 옷을 하나하나 뜯어보면 디자인이 그렇게 혁명적이거나 기능적이지 않다. 하지만 이 안에는 특별한 감성이 연결되어 있다는 것을 알 수 있다. 이들은 오랜 세월 사랑받고 있는 미국의 클래식 브랜드와 현대의 스트리트 패션을 연결했다. 앤디 워홀, 랄프 로렌, 마이클 조던과 같은 1990년대의 이미지가 2010년대의 미국과 연결되어 있는 것이다. 아메레온도르의 연결은 단순히 복고풍을 재현하는 것과는 달랐다. 과거의 스타일을 현대적 감성에 맞게 재해석하여 세대 간의 공감대를 형성하고 새로운 트렌드를 창출했다는 점이 주목할 만하다.

'아메카지'는 '아메리칸 캐주얼'을 일본식으로 줄인 표현으로, 20세기 중반 미국의 캐주얼 스타일이 일본의 복고풍 패션과 결합하여 탄생한 스타일이다. 일본의 아메카지를 대표하는 데님 브랜드인 캐피탈(Kapital)은 일본의 과거와 미국의 현대 패션을 연결한 사례로 볼 수 있다.

캐피탈의 옷은 히피 스타일로, 다양한 색상의 천이 조각조각 기워져 있거나 독특한 동양적 패턴이 들어간 것이 특징이다. 이는 일본의 전통적인 기법인 보로(Boro)와 사시코(Sashiko)를 활용한 것이라고 한다. 보로는 낡은 천을 기워 만든 직물로 독특한 질감을 띠고 있다. 사시코는 한 땀 한 땀 박음질하는 일본 수공예 방식으로 일본인 특유의 장인 정신과 독창성을 상징한다. 일본의 전통적인 기술과 미국의 현대적인 패션 요소의 결합은 과거와 현재, 동양과 서양을 연결하며 독특하고 새로운 가치를 창출한다.

시간과 시간의 연결. 즉, 과거와 현재의 연결은 단순히 옛날 것을 다시 활용하는 것이 아니다. 자칫 낡은 것으로 치부될 수 있는 과거의 아이템을 새로운 시선으로 바라보고 전략적으로 활용하는 발상이 중요하다. 과거의 유산에 스토리를 부여하고 이를 디지털 플랫폼에서 적극적으로 소통할 때, 특히 새로운 것을 추구하는 젊은 세대에게 강한 매력을 발휘할 수 있다.

이제는 사용하지 않는 낡은 사진기, 오래된 게임기, 할머니가 썼던 자개장은 버려야 할 옛것이 아니라 감성적인 향수를 자극하는 세련된 아이템일 수 있다. 연결은 새로운 감각과 가치를 불러일으키는 힘이다. 독립적으로는 별것 아닌 것처럼 보이는 요소들도 특정한 요소와 연결되면 완전히 새로운 맥락과 의미를 지닌다. 이 연결을 통해 사람들에게 감정적 울림이나 새로운 통찰을 준다면 창의적 발상에 성공한 셈이다.

뇌를 리부팅하는 인지심리학적 TIP

▶▶ 과거의 요소들을 현대적인 시각으로 새롭게 바라보는 연습을 해보세요.

▶▶ 트렌드는 언제나 변화하므로, 기회가 왔을 때 이를 전략적으로 활용할 수 있도록 준비하는 습관을 기르세요.

과거와 현재를 연결하라.
낡은 것은 감성을 자극하는
새로운 가치로 재탄생한다!

04
경험을 연결하라:
소비자의 감정을 움직이는 법

　같은 시대를 지내온 사람들, 같은 지역을 살아온 사람들 사이에는 끈끈한 공감대가 형성된다. 거리를 걸을 때에 느끼는 감정들, 학창 시절의 추억들, 좋아하는 음악과 이야기들. 그리고 사람들은 그 경험을 다른 사람과 나누고자 하는 욕구가 있다. 직접 보고, 냄새를 맡고, 맛보고, 걷고 앉아보며 새로운 경험을 쌓아보려는 욕구 또한 존재한다. 당신의 아이디어에는 어떤 특별한 경험이 숨어 있는가? 경험과 경험을 연결하는 것도 특별한 정서를 자아내게 하며 이는 생각지 못한 시너지를 가져오기도 한다.

　더 현대 서울의 건축 디자인은 기존 백화점의 틀을 완전히 벗어난 새로운 스타일이었다. 일반적인 백화점은 시간이 가는 것을 느끼지 못하도록 창문을 없애고, 고객이 최대한 많은 제품을 구매할 수 있도록 동선을 설계한다. 그러나 더 현대 서울은 자연광이 들어오는 통창을 통해 시간의 흐름을 느끼게 하고, 휴식과 체험 중심의 공간으로 설계했다. 이러한 디자인은 백화점 이상의 다양한 경험과 감성적 휴식을 제공하여 브랜드에 대한 긍정적인 감정을 느끼게 한다.

더 현대 서울에서 개최한 앤디 워홀 전시나 비욘드 더 로드 (Beyond the Road)와 같은 이벤트는 사실 구매와는 직접적인 연관성이 없다. 그러나 이러한 경험은 브랜드와 고객 간의 정서적 유대감을 형성하고 다시 방문하고 싶어하는 동기를 제공한다.

구매와 직접적인 연관이 없는 경험이라도 사람들은 좋아하는 공간에 더 자주, 오래 머무르게 마련이다. 더 현대 서울을 찾은 고객들도 그곳에 오래 머무르면서 자연스럽게 매장을 둘러보게 되면 구매로 이어질 가능성도 높아진다. 자발적으로 소셜 미디어에 공유하는 문화는 자연스럽게 브랜드의 인지도를 높여주는 데 기여하기도 했다.

2017년 9월에 론칭한 탬버린즈(TAMBURINS)는 고객 경험의 가치를 슬기롭게 활용하는 브랜드다. 탬버린즈는 론칭하자마자 파격적인 플래그십 스토어로 화제에 올랐는데 제품에 집중하기보다는 갤러리를 연상시키는 공간이었기 때문이다.

탬버린즈의 첫 향수 컬렉션 전시는 금호동의 낡은 주택가에서 열렸는데 전시장 중앙에 설치한 압도적인 크기의 거인 오브제가 눈길을 끌었다. 반드시 가 봐야 할 핫플레이스로 떠오를 정도로 사람들의 관심을 끌었고 브랜드 이미지를 각인시키는 데 성공한 것이다.

탬버린즈가 경험을 통해 제공하고자 한 것은 브랜드의 정체성인 감각적 몰입과 위안이었다. 고객에게 제품이 아닌 브랜드가 추구하는 경험을 먼저 제공하고 이러한 경험을 자연스럽게 제품으로 연결하도록 한 것이다.

아이돌을 좋아하는 팬들은 자신의 아티스트와 경험을 연결하고자 하는 강한 욕구를 가지고 있다. '세븐틴 스트리트'는 아이돌과 팬들 사이의 감정을 연결하는 경험을 제공하는 데 성공한 사례다. 세븐틴 스트리트는 세븐틴의 앨범 발매 시기에 맞춰 개최되는 오프라인 이벤트다. 앨범의 주제와 메시지를 오프라인 공간에 구현하여 단순한 음악 감상을 넘어서는 몰입형 상호작용을 선사한다. 특히 팬들이 자신의 감정에 따라 플레이리스트를 선택하고 세븐틴 멤버들이 직접 선별한 곡들로 구성한 맞춤형 리스트를 제공하기도 하는데 이러한 방식은 팬과 아티스트가 개인적으로 연결되어 있다는 느낌을 준다. 이러한 소통 이벤트는 당장의 구매와는 거리가 있겠지만 팬덤의 결속력과 아티스트의 브랜드 가치를 높이는 중요한 요소로 작용한다. 장기적으로는 팬층을 확대시키거나 기존 팬덤의 충성도를 높이는 데에도 기여하는 효과가 있다.

블랙핑크가 가장 사랑하는 브랜드 키스(KITH) 또한 경험의 연결이라는 독특한 성공 전략을 지니고 있다. 지금은 여러 브랜드와 다채로운 콜라보레이션을 진행하고 있지만 키스는 초창기부터 다른 브랜드와의 협업으로 독특한 제품을 만들었고 이를 브랜드 철학으로 확대시켰다. 이렇게 만들어진 제품은 대량으로 공급하지 않고 아주 소량의 한정판만 내놓는다. 희소성을 높이고 브랜드의 가치도 높인 셈이다. 키스의 한정판 협업 제품들은 고객 개개인의 브랜드에 대한 경험을 떠올리게 한다. 어린 시절 사고 싶었지만 비싸서 포기했던 나이키와의 콜라보 제품이나 한때 우상이었던 스포츠 스타의 한정판 제품을 보면 마치 내 이야기를 제품에 넣어 놓은 듯한 기분까지 든다.

키스의 창업자인 로니 피그가 아직 사업을 제대로 시작하기도 전, 처음으로 협업하여 디자인한 제품은 아식스의 '젤라이트

3'였다. 많고 많은 아식스의 제품 중에 이 신발을 선택한 이유는 유년기의 기억 때문이다. 다른 신발에 비해 훨씬 저렴하지만 편안했기에 밑창이 닳을 때까지 신었던 소중한 기억을 소환하고 싶었던 것이다. 우리 모두에게는 이러한 추억과 경험이 있다. 이와 같은 경험의 연결은 고객들의 정서를 브랜드와 연결해 주고 특별한 가치를 느낄 수 있게 한다.

키스 매장은 해당 지역과의 연결도 강조한다. 각 지역의 플래그십 스토어에서만 구매할 수 있는 한정판 제품을 출시하는 것이다. 성수동에 오픈한 〈KITH 서울 플래그십 스토어〉에서는 서울 매장에서만 구매할 수 있는 의류와 액세서리를 판매하며 이 제품은 다른 매장에서는 구하기 어렵다. 그래서 우리 지역에 키스 매장이 있어도 외국 여행을 가면 그곳에서만 파는 특별한 제품을 구매하고 싶어진다. 단순히 물건을 사는 행위가 아닌 새로운 경험의 생성이기 때문이다.

우리 인간은 작은 일에도 웃고 울고, 소소한 추억을 소중하게 간직하는 존재들이다. 제품은 기능이나 가격만으로 평가되지 않는다. 소비자와 함께한 감정과 정서, 그리고 모든 경험 또한 연결의 대상이 될 수 있다. 창의적 발상이 필요한 순간, 인간적이고 따뜻한 연결을 고민해 보면 어떨까?

뇌를 리부팅하는 인지심리학적 TIP

▶▶ 소비자가 제품이나 서비스를 사용할 때 어떤 경험을 느끼는지
　　주의 깊게 관찰해보세요.

▶▶ 개인의 감정과 경험을 잘 연결하면 브랜드나 제품에 대한 호감도를
　　높일 수 있으니, 이를 고려한 소통 방식을 연습해보세요.

05
가치를 연결하라:
미래 소비자의 마음을 사로잡는 법

가치 지향적 연결은 몇 년 전만 하더라도 그저 소소한 선행 정도로 생각했다. 그러나 코로나 이후 공존의 가치는 이전과는 비교도 할 수 없을 만큼 중요한 문제가 되었다. 어떤 제품이든 개발 단계에서 빠뜨릴 수 없는 요인이 된 것이다.

파타고니아(Patagonia)는 환경 보호와 지속 가능성이라는 강력한 가치를 연결한 브랜드로 유명하다. 재활용 소재와 지속 가능한 소재로 제품을 만들 뿐 아니라, 제품의 수명을 연장하기 위해 반납하고 수선하거나 재판매하여 자원의 낭비를 줄인다. 과잉 소비에 몸살을 앓고 있는 지구를 위한 지속 가능한 소비문화를 위한 움직임일 것이다. 최근에는 파타고니아처럼 환경을 전면으로 내세운 가치 지향적 브랜드들이 여러 분야에서 두각을 보이고 있다.

'Too good to go(투굿투고)'는 2016년 코펜하겐에서 설립된 플랫폼이다. 처음에는 뷔페 음식이 버려지는 것을 막고자 설립한 회사였지만 더 나아가 음식물 폐기 문제를 해결한다는 목표로 서비스를 제공하게 되었다.

해마다 전 세계에서 약 10억 톤에 달하는 음식물 쓰레기가 발생하고 있다. 가정용 음식물 쓰레기도 있지만 그중 상당수는 음식점에서 남은 식재료나 음식이라는 것이 문제다. 투굿투고는 내가 사는 지역의 식당이나 제과점에서 남은 음식을 정가 대비 30% 저렴하게 구입할 수 있는 서비스를 제공한다. 쉽게 말하면 '마감 세일' 앱인 셈이다. 이를 통해 음식물 쓰레기는 줄이고, 소비자에게는 합리적인 음식을 제공하고 판매자는 추가 수익을 창출할 수 있으니 모두에게 이로운 결과가 나왔다.

투굿투고 서비스는 현재 미국, 캐나다, 영국 등을 비롯해 세계 17개국에서 서비스를 제공하고 있으며 그동안 3000만 톤의 음식이 폐기되는 것을 막았다. 이 기업은 음식 낭비를 막는 소비자들의 행동이 기후 변화 문제 해결에 도움이 될 수 있다는 가치 지향적 메시지를 다양한 방식으로 지속적으로 전달하고 있다. 재미있는 것은 소비자들이 자발적으로 어플을 사용하고 리뷰를 올리며 바이럴 마케팅에 일조한다는 사실이다. 실제로 해외 유튜브나 소셜 미디어에서는 '투굿투고로 1주일 살기'처럼 챌린지 콘텐츠가 유행하기도 했다. 투굿투고는 가치 지향적인 소비자들에게 지구를 위한 건강한 소비를 실천할 수 있는 기회를 제공한 사례라고 볼 수 있다. 단순히 음식을 저렴하게 제공하는 데 그치지 않고 음식물 쓰레기를 줄여 환경을 보호하는 데 기여한 것이다.

LG 전자의 텀블러 세척기 '마이컵(myCub)'도 이와 같은 가치적 연결에 흐름을 함께 한 제품으로 좋은 평가를 받았다. 텀블러 사용을 장려하면서도 위생적으로 관리하기는 어려운 지금의 문화에 필요한 제품이다. 아무리 좋은 텀블러라고 해도 제대로 관리하지 못한 채 버리고 새것을 사고 또 새것을 사면 오히려 일회용 컵보다 더 높은 탄소를 배출한다. 텀블러 세척기는 현재 스타벅스와 협업하여 전국 매장에 순차적으로 설치하고 있고, 시범 운영 중인 곳도 상당수 있다고 한다.

내가 어릴 때만 해도 자연 보호에 대한 구호라고 해 봤자 '우리 강산 푸르게 푸르게' '나무를 많이 심자' 정도였다. 하지만 요즘의 아이들은 다르다. 여덟 살인 내 아들은 쓰레기가 버려진 것을 보고 "아빠 지구가 아프면 북극곰이 죽잖아"라고 반사적으로 말했다. 지구온난화에 대한 지식과 친환경 에너지에 관한 지식도 웬만한 어른 못지않다.

생각해 보니 이들은 미세먼지 위험과 코로나 팬데믹 같은 글로벌 환경 문제 속에서 유년기를 보내고 있는 아이들이다. 환경 인식과 행동에 있어서 과거 세대와는 다른 특별한 모습을 보이는 게 어쩌면 당연하지 않을까? 이들은 어린이집을 다닐 때부터 지구를 지키지 않으면 인류가 살아남지 못한다는 강한 메시지를 들어왔고 학교 교과 내용에서도 환경 문제를 중요하게 다루고 있다. 태어나면서부터 접해 온 크고 작은 이슈는 대부분 환경과 연결되어 있었다. 아닌 게 아니라 이제는 지속가능성이라는 단어보다 생존가능성이라는 단어가 더 적합하지 않나 싶다.

어떤 제품을 만들든, 이제 환경과 지구를 떠나서 생각할 수는 없다. 특히 미래의 주요 소비자인 알파 세대는 더욱 그럴 것이다.

비단 환경뿐 아니다. 사회적 책임이나 약자를 보호하는 사회적 윤리와 관련된 가치는 더욱 민감하게 우리 생활에 들어올 것이다. 이제 가치가 트렌드인 시대다. 우리가 연결해야 할 모든 것에서 가치를 빼놓을 수 없는 이유다.

06
줌인과 줌아웃,
혁신의 렌즈로 세상을 보다

어린 시절 한 번쯤은 번호가 적혀 있는 점을 연결하는 그림을 그려 본 경험이 있을 것이다. 이걸 영어로는 'Connect the Dots(커넥트 더 닷)'이라고 하는데 숫자나 알파벳을 순서대로 연결하여 그림을 완성하는 형태다. 숫자도 배우고 소근육도 키워준다고 해서 유아들이 주로 하는 활동인데 요즘은 성인들도 즐길 수 있게 꽤 복잡한 디자인도 나온다고 들었다.

이러한 커넥트 더 닷(Connect the Dots)에서 점의 개수가 많을수록 그림의 품질이 높아진다는 것은 누구나 알 수 있을 것이다. 창의적 발상도 마찬가지다. 경험과 지식의 가짓수가 많을수록 연결된 아이디어의 질이 높아진다. 이는 창의적 사고와 문제 해결에 있어 중요한 개념이 된다.

하지만 세상의 그 많은 경험을 쌓으려면 시간과 비용, 그리고 에너지가 필요하다. 하지만 바쁜 현대 사회에서 그만한 여유가 있는 사람이 얼마나 될까? 이럴 때 추천하는 게 지식 큐레이션 서비스다. 우리나라의 큐레이션 서비스는 매우 잘 되어 있는 편이고 특히 프리미엄 콘텐츠는 전 세계 기준으로도 상위에 속한다고 평가 받는다.

'롱블랙'이나 네이버 '프리미엄 콘텐츠'처럼 독자들이 필요하다고 생각하면 비용을 조금 투자해서도 기획이나 개발에 활용할 만한 것들이 많으니 활용해 보시길 바란다.

서비스 이름	국가	주요 특징	활용 가능 분야
롱블랙 (Long Black)	한국	심도 있는 비즈니스 트렌드 및 인사이트 제공	비즈니스 전략, 마케팅, 트렌드 분석
네이버 프리미엄 콘텐츠	한국	다양한 분야의 전문가들이 제공하는 심층 콘텐츠	IT, 경제, 사회, 문화 등 다양한 지식과 정보 습득
퍼블리 (Publy)	한국	직장인을 위한 트렌드 리포트 및 비즈니스 인사이트	마케팅, 경영, 자기계발, 스타트업 관련 콘텐츠
스크립드 (Scribd)	미국	도서, 오디오북, 기사 및 다양한 문서 큐레이션 제공	책, 학술 자료, 리포트 등을 활용한 연구 및 학습

마스터클래스 (MasterClass)	미국	각 분야 전문가들의 프리미엄 강의 제공	예술, 비즈니스, 요리, 스포츠 등 다양한 분야의 학습
큐리오 (Curio)	영국	주요 매체의 큐레이션된 오디오 기사 제공	뉴스, 사회 문제, 경제 및 문화 관련 인사이트
블링키스트 (Blinkist)	독일	비즈니스 및 자기계발 도서 요약본 제공	자기계발, 리더십, 마케팅 및 경제 관련 지식 습득
미디움 (Medium)	미국	다양한 전문가 및 작가들이 제공하는 프리미엄 글 제공	기술, 창업, 문학 등 다양한 분야의 심층 글

직접적이든 간접적이든 폭넓고 다양한 경험은 여러 각도에서 문제를 바라보는 능력을 키워 준다. 전문 지식을 깊이 아는 것도 좋지만 여러 분야에 대한 기초 지식을 갖추는 것도 점을 연결할 수 있는 기반을 제공할 것이다.

그림을 구성하는 점들을 너무 가까이에서 보면 전체 그림을 이해할 수 없듯이 우리의 경험과 지식도 너무 세부적으로만 들여다보면 큰 맥락을 보지 못할 때가 있다. 창의적 발상과 문제 해결에서도 '줌인' '줌아웃' 능력이 필요한 이유다. 특정 문제나 상황에만 몰두하다 보면, 전체적인 맥락이나 목표를 잊기 쉽다.

또한 단기적인 목표에만 집중하면 장기적인 성공을 놓칠 수도 있다. 줌인(세부 사항)과 줌아웃(전체적인 관점)을 번갈아 가며 사용하는 것도 필요할 것이다. 큰 그림과 디테일을 같이 가야 하지 않을까?

지식의 폭과 깊이 또한 이와 연결 지어서 생각할 수 있다. 세상을 살아갈 땐 넓고 얕은 지식도 필요하다. 가끔은 다양한 분야의 기초 지식과 교양을 쌓을 필요가 있으며 때론 한 분야에 대한 깊은 전문성이 필수적일 수도 있다. 카메라를 줌인으로 당기고, 줌아웃으로 밀 듯, 디테일에 대한 집중과 전체 관점의 유지. 이 두 가지의 밸런스는 혁신적인 아이디어를 도출하는 밑거름이 될 것이다.

뇌를 리부팅하는 인지심리학적 TIP

▶▶ 다양한 경험이 쌓일수록 더 선명한 통찰을 얻을 수 있습니다.
▶▶ 큰 그림을 보면서도 세부적인 디테일을 놓치지 않도록 줌인과 줌아웃을 자주 하며 사고의 균형을 맞추는 습관을 길러보세요.

07
아이디어의 시작은 연결이다

　전혀 다른 개체를 연결하는 은유적으로 통합하는 사고방식은 창의성을 높이는 훌륭한 방법이다. 손정의 회장은 독창적이고 혁신적인 아이디어로 유명한 세계적인 기업가인데, 사람들에게는 잘 알려져 있지 않지만 그는 경영인 이전에 IT 발명가이기도 하다. 그는 고등학생 시절부터 새로운 아이디어를 생각하고 발전시키는 데 많은 시간과 에너지를 쏟았다. 그리고 새로운 아이디어를 떠올리는데 사용했던 방법 중 하나가 바로 낱말 카드였다고 한다. 매일 아침 일어나면 300여 개 정도의 단어 카드를 늘어놓고 그중에서 무작위로 세 개 정도를 고른다. 그리고 그 뽑은 낱말을 강제로 연결하여 새로운 제품을 고안해 본다. 어느 날은 '음성 신시사이저' '사전' '액정화면'이라는 세 개의 낱말 카드가 나왔고 그것을 강제로 연결해서 만든 제품이 '음성 전자번역기'였다. 일본어로 말을 하면 영어로 번역해서 글로 보여 주는 전자계산기 스타일의 제품이었는데 손정의는 이것을 샤프에 판매하여 10억 원을 손에 쥐게 된다. 이와 같은 방법으로 발명된 제품이 250개가 넘는다고 하니 놀라운 발상과 추진력이 아닌가 싶다.

영감이나 아이디어는 어느 날 갑자기 떨어지는 것이 아니다. 다양한 연습을 통해 창의적인 사고방식을 훈련하면 우리도 예상치 못한 곳에서 혁신적인 아이디어를 발견할 수 있을 것이다.

실제로 창의 훈련에 많이 쓰는 도구 중에는 스토리큐브(Story Cubes)라는 것이 있다. 아홉 개의 주사위로 구성되어 있고 각 주사위 면에는 점 대신에 해, 나무, 집, 열쇠, 웃는 얼굴, 책 등 단순한 그림이 그려져 있다. 게임을 할 때는 이 주사위를 던져 나온 그림들을 늘어놓고 연결하여 하나의 이야기를 만들어 내는 것이다. 손정의 회장이 사용한 강제 연결법과 비슷한 방식이다.

가령, 이 그림들을 이용해 다음과 같은 글을 지을 수 있다.

화살을 맞은 이들의 눈물, 그러나 그 가면은 곧 벗겨질 것이다. 진실이 드러나면 공정한 판결이 뒤따라 올 것이다. 한 장의 명함처럼 명확한 이름을 내 건 판결을 믿고 긴 여행을 떠나야 한다. 그러나 너무 늦지 않게 이 다리를 건너 돌아오라. 기쁨에 찬 얼굴로. 운명의 비밀을 풀어 낼 열쇠는 당신 손에 들려 있다. 주사위는 이미 던져졌다.

예시로 든 글 말고도 만들어 낼 수 있는 이야기는 무궁무진하다. 이 책을 읽는 독자 분들도 주어진 그림을 연결하여 나만의 스토리를 만들어 내길 바란다.

스토리큐브 주사위의 그림들을 하나의 주제로 묶어서 이야기를 만드는 방법도 있다. 모험이나 과학처럼 말이다. 다른 주제와 혼합하면 더 확장된 이야기도 가능하다. 스토리큐브가 아니더라도 두 가지 전혀 관련 없는 단어를 선택해서 은유와 비유를 만들어 내는 연상 게임이나 주변 사물을 관찰해서 새로운 개념을 표현하는 방법도 추천한다.

관찰 단계에서 아이디어를 무작위로 발현하는 것은 혼자 하는 것이 더 유리하지만 연결의 과정에서는 여러 사람의 힘을 모으는 것이 좋다. 생각과 아이디어를 공유하고 그것을 현실적으로 구현하는 단계이기 때문이다.

보통 조직 안에서 새로운 발상이나 기획이 필요할 때 사람을 모아놓고 아이디어 발현까지만 하고 끝나는 경우가 많다. 열 명이 아이디어를 내면 그중 두세 개만 선택하고 나머지는 버려지는데 그렇게 되면 아이디어를 선택받지 못한 이들은 자존심에 상처를 입기도 한다. 공동체가 함께 아이디어를 만들어 가는 상황에서는 발현에만 초점을 맞추지 말고 구현에 집중해 보자. 각 팀원마다 자신이 평소 가지고 있던 경험과 지식과 연결하여 조직의 문제를 해결할 수 있을 것이다.

당신은 연결 대상에서 무엇을 가지고 오고 싶은가? 대상? 시간? 경험? 가치? 무에서 유를 만드는 것이 아니다. 창의는 연결에서 비롯된다.

버퍼링 타임 활용 가이드: 연결의 기술

새로운 연결은 기존의 평범한 요소들을 비범한 결과물로 탈바꿈시킬 수 있는 강력한 도구입니다. 연결의 기술은 단순한 조합에 그치지 않으며, 예상치 못한 요소들을 융합하여 창의적이고 혁신적인 해결책을 도출하는 과정입니다. 아래 연습을 통해 독창적인 연결 방식을 직접 경험해 보시기 바랍니다.

1. 나만의 관찰 노트 만들기

- 아래 두 단어를 활용해 새로운 아이디어를 구상해 보세요.
  예: 커피 머신과 스마트폰을 연결해 보세요.
  - 새로운 제품의 이름: _____
  - 활용 가능성 또는 소비자에게 주는 이점: _____

2. 경험과 가치 연결하기

- 자신의 일상에서 겪었던 소소한 경험 중 하나를 떠올리세요.
- 그 경험에 새로운 가치를 부여해보세요.
  - 경험: _____
  - 새로운 가치: _____

3. 줌인과 줌아웃 사고법 적용하기

- 현재 직면한 문제를 떠올리세요.
  - 줌인: 이 문제의 디테일한 원인이나 요소는 무엇인가요?

- 줌아웃: 이 문제를 더 큰 맥락에서 본다면, 어떻게 보이나요?

4. 혁신적 연결 실험

- 전혀 다른 두 분야(예: 기술과 예술)를 조합해 혁신적인 아이디어를 구상해 보세요.
  - 연결 대상 1: _____
  - 연결 대상 2: _____
  - 조합된 아이디어: _____

TIP.
- 매일 10분씩 '낯선 연결' 훈련을 해보세요.
- 주변 사람들과 목적 없는 대화를 통해 관점을 발견해보세요.
- 연결의 결과물은 기록으로 남겨둬 발전시킬 기회를 만드세요.

5

버퍼링 씽킹
5단계

실행하라,
아이디어를 성과로
만드는 기술

#EXECUTE

아이디어가 아무리 좋아도, 실행되지 않으면 그걸로 끝이다.
창의성? 참신함? 그게 다가 아니다. 결과로 증명하라.
스포츠 선수들이 땀 흘려 훈련하는 이유는 단 하나,
득점을 위해서다.

창의적 발상도 마찬가지다.
실행 없는 아이디어는 공허하다.

01
역할과 관점을 이해하라

대부분의 경우, 우리가 만들어 낸 아이디어는 조직 안에서 여러 부서의 협력과 결정을 통해 현실로 실현된다. 심지어 1인 기업이라고 해도 막상 온전히 혼자 하는 일은 없다. 그동안 갈고 닦은 좋은 아이디어를 현실화하고 싶은가? 이 일을 수행할 조직에 대해 먼저 이해하자. 내 역할과 책임, 그리고 집중해야 하는 관점을 얼마나 이해하느냐에 따라 아이디어 실행의 속도가 달라질 테니 말이다.

"Thinking from first principles."

(기초 원칙부터 생각하라.)

혁신적인 아이디어와 도전적인 목표로 페이팔과 테슬라, 스페이스X와 같은 여러 기업을 성공적으로 이끌고 있는 일론 머스크의 말이다. 어떤 문제를 해결하거나 아이디어를 창출할 때 가장 기초적이고 근본적인 원칙으로부터 생각하라는 의미다. 기존의 사고방식에 얽매이지 말고 새로운 관점에서 문제를 바라보는 이 방식 덕분에 어쩌면 일론 머스크는 우리가 잘 알고 있는 여러 혁신적인 도전을 성공시켰는지도 모르겠다. 들을 때마다 가슴이 뛰는 말이지만 그렇다고 해서 이 말을 모든 상황에 무조건 적용할 수 있는 건 아니다.

"다른 사업을 벤치마킹하지 마십시오! 완전히 백지 상태에서 출발해야 한단 말입니다!"

만약 우리 조직의 신입사원이 패기에 찬 목소리로 이렇게 말한다면 어떻게 될까? 회사의 모든 사람들이 어이가 없는 얼굴로 쳐다볼 것이다.

이와 같이 멋진 구호와 새로운 접근 방식은 일론 머스크의 위치에서 이야기했기 때문에 설득력이 있었던 것은 아니었을까? 혁신적인 성공을 이끌어 온 그의 경험과 성과가 없었다면 이 말을 온전히 받아들이기 어려웠을 것이다.

마찬가지로 아무리 듣기 좋은 이야기라도 말하는 사람의 위치와 경험에 따라 받아들이는 정도에 차이가 있는 것이 현실이다. 보수적인 조직문화와 관성 때문일 수도 있고, 그 직원에 대한 신뢰가 부족한 탓일 수도 있다. 그러나 더 중요한 것은 조직의 상황과 일의 성격일 것이다. 기초부터 완전히 시작하는 접근 방식이 모든 분야에서 실용적인 건 아니기 때문이다. 실제로 많은 경우, 기존의 방식을 개선하거나 최적화하는 방식이 훨씬 더 좋은 선택일 수도 있다.

신입사원이 다짜고짜 거창한 이야기를 하는 것이 의미가 없는 것처럼 CEO 레벨에서 실무자가 해야 하는 세세한 이야기를 장황하게 늘어놓는 것도 어울리지 않는다. 우리는 조직으로 일하는 존재다. 공동체의 일원이라는 것을 받아들였다면 저마다 자신의 포지션과 역할을 제대로 알고 실행해야 한다.

CEO 및 고위 경영진은 비전과 전략을 수립하고 핵심적인 결정을 내린다. 중간 관리층은 전략을 실행하고 성과를 관리한다. 그 아래 단계의 팀장과 관리자는 구체적인 작업 계획을 세우며 일할 때 발생할 수 있는 크고 작은 문제들을 즉각적으로 해결해야 한다. 그렇다면 가장 아래 단계의 초심자들은 어떨까? 실수 없이 세부적인 업무를 수행하며 빠르게 상황을 보고해야 한다. 그리고 다채로운 피드백을 적극적으로 수용하는 것도 그들의 몫이다.

하나의 사안을 두고도 각 레벨이 주장하는 바가 달라야 하는 것도 당연하다. CEO 레벨에서는 이렇게 말한다. "고객에게 감동을 주자." 확실하고 이상적인 목표다. 하지만 어떤 식으로 어떻게 감동을 줘야 할지는 듣기만 해서는 잘 모르겠다. 이때 그 아래 단계 임원이 말한다. "고객이 감동을 느낄 수 있는 와우 모먼트(Wow moment)를 찾아보자!" 감동을 줄 수 있는 방법이 조금 구체화되었다. 그러나 여전히 어려운 건 마찬가지다. 그러자 실무자들이 말을 덧붙인다. "그럼 사례를 발굴하고 제품이나 서비스 종류에 따른 차이를 확인해 보자." "고객이 사용 과정에서 느낀 문제점이나 실망감 같은 페인 포인트(Paint Point)부터 찾아야 와우 모먼트(wow moment)도 찾을 수 있는 것 아닌가."

이제 관찰부터 하나씩 실행할 수 있을 것 같다. 이처럼 단계가 내려올수록 더 작고 세부적인 것들이 보인다. 이것을 어떤 경험과 시선에서 접근하느냐에 따라 불편함이 해소되고 감동이 찾아오는 기발한 아이디어가 열릴 수도 있다.

CEO	고객에게 감동을 주자!
부서장	와우 모먼트를 찾아보자!
실무자	사례를 발굴하고 제품이나 서비스 종류에 따른 차이를 확인해 보자. 페인 포인트는 무엇일까? 어떻게 찾을 것인가?

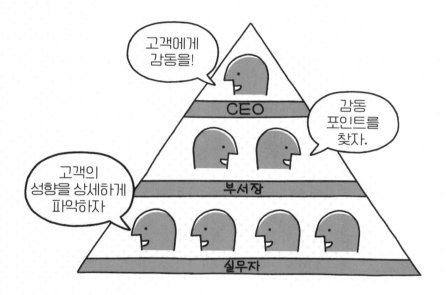

내 역할과 관점을 명확히 이해할수록,
아이디어 실행의 속도는 빨라진다.

디자인 및 혁신 컨설팅 회사인 IDEO에서는 다양한 혁신 프로젝트를 진행했는데, 그중 하나가 '응급실 환경 개선 프로젝트'였다. 병원에서 가장 바쁘고 정신 없는 곳은 아마 응급실이 아닐까? 살다 보면 한두 번쯤 응급실을 찾게 되지만 결코 자주 방문하고 싶은 장소는 아니다. 혼잡하고, 대기 시간도 긴 데다, 환자든 의료진에게든 누구에게나 스트레스가 어마어마한 곳이니 말이다.

일반적으로 응급실 환경을 개선하자고 하면 의료진에 초점을 맞추게 마련이다. 응급실에는 의사와 간호사를 포함한 수많은 의료진들이 있다. 응급 환자가 들어오면 의료 장비와 함께 바퀴 달린 침대에 옮겨서 이송해야 하는데 이런 단순한 움직임도 많은 힘이 필요해 의료진들은 종종 부상을 입는다. 하지만 환자를 골라 받을 수는 없고 근무 시간은 결코 짧지 않다. 때문에 의료진은 충분한 휴식을 취하기 어렵고, 생명과 직결된 중요한 결정을 내릴 때마다 높은 스트레스를 받는다. 의료 장비나 인력 부족, 환자나 보호자의 폭력으로부터 안전하지 못한 것도 심각한 문제다.

그러나 응급실 구성원에는 의료진만 있는 것이 아니다. 환자도 포함되어 있다. 미국에 있을 때의 일이다. 손목 부위에 화상을 입어서 저녁에 응급실에 간 적이 있었다. 내가 생각했을 땐 꽤나 심각한 상처였지만 의료진이 보기엔 그렇지 않았던 모양이다. 응급실은 내원 순서가 아니라 응급 순서에 따라 진료를 한다는 건 많은 사람들이 아는 상식이지만, 문제는 그마저도 하염없이 대기가 이어졌다는 것이다. 새벽 3시까지 아무도 나에게 관심을 주지 않아 우두커니 앉아 있던 슬픈 기억이 떠오른다.

그나마 나는 앉아서 대기했으니 상황이 좀 나았다고 할까? 어떤 환자는 침상에 눕힌 채로 꽤 오랫동안 방치된다. 커튼으로 시야는 가려져 있는데 여기저기에서 비명소리와 다급한 발소리가 들리면 심리적으로 불안해지는 건 당연하다. 응급실 개선을 위한 조치에서 빼놓지 말아야 할 것은 바로 이런 환자들을 안심시키는 것이다.

IDEO의 응급실 환경 개선 프로젝트에서 나온 기발한 내용 중 하나는 침상에 누운 환자의 눈높이에 맞춰 천장에 안심시켜 주는 글귀를 적어놓은 것이었다. 침상에 누운 환자들이 천장을 바라보는 시간이 많다는 데에서 착안한 아이디어였다.

'걱정 말아요' '모든 것은 잘될 거예요' '당신은 안전합니다' 와 같은 짧은 문장을 적어 놓은 것만으로도 환자들은 안정감을 느끼고 스트레스는 완화되었다. 간단하지만 무척 창의적인 해결책이 아닌가 싶다.

이 아이디어는 사실 대단한 게 아니다. 어린이 치과에는 천장에 재미있는 만화영화가 나오는 모니터가 하나씩 설치되어 있다. 아이들의 불안을 완화시키고 시선을 분산하기 위한 장치로 흔히 보았던 것이다. 그 소소한 장치가 환자의 입장에서 생각한 페인 포인트가 되어 긍정적 기억으로 남는 와우 모먼트까지 연결되었다. 사실 큰 변화는 작은 체험에서 비롯되곤 한다. 그리고 그것을 발견하는 것은 모든 레벨의 직원들이 가져야 하는 시선일지도 모른다.

아이디어가 아무리 많아도, 꿰어야 보배다. 실행하지 않으면 그 가치는 발휘되지 않는다. 아이디어를 빛나는 보배로 만들고 싶은가? 먼저 나의 조직과 내가 위치한 자리, 그리고 그 안에서의 역할을 정확히 이해하도록 해 보자. 조직 내에서 나의 위치를 파악하고, 각자의 역할을 고려해 전략을 수립해야만 아이디어가 현실화될 수 있다. 나 혼자만의 생각이 아닌, 팀과 함께 방향을 맞추고 협력할 수 있을 때 비로소 아이디어는 실현 가능성을 얻는다. 그리고 이 가능성은 성공으로 연결될 것이다.

뇌를 리부팅하는 인지심리학적 TIP

▶▶ 조직 내에서 나의 포지션에 맞게 일을 대하는 관점과 태도를 조정해보세요.
▶▶ 실무자의 시선으로 문제점(pain point)을 발견하고, 이를 해결하여
　　감동을 주는 순간(wow moment)으로 연결하는 연습을 해보세요.

02
좋은 아이디어는
설득을 통해 살아남는다

기업을 상대로 창의와 관련된 강의를 나가면 자주 나오는 질문이 있다.

"교수님, 제가 아이디어를 열심히 내면 뭐합니까. 듣는 사람이 관심이 없는데요. 아니면 기껏 듣고 난 다음에 '오, 아이디어 좋다!' 하고는 끝입니다. 윗선에서 달라지는 게 없어요."

사실 우리에게 굉장히 익숙한 일이다. 팀이나 조직을 위해 열심히 생각해서 새로운 아이디어를 아무리 제안해도 그대로 일이 이루어지는 경우는 드물기 마련이니 아이디어를 낸 입장에서는 마음이 답답할 수밖에.

'아니 항상 좋은 아이디어 찾으면서 왜 정작 듣질 않는 거지? 내가 이렇게까지 자세히 설명해 줬으면 이제 알아서 진행해야 하는 거 아냐?'

보통 이런 상황은 상사와 부하 사이에 1대1로 이루어지는 경우들이 많다. 부하 직원 입장에서는 무시당하는 일이 몇 번 반복되면 더 이상 아이디어를 낼 의지도, 마음도 없어진다.

그런데 상사 입장은 또 다르다. 이런 이야기를 하는 직원이 한두 명이 아닐 텐데 누구의 것은 들어주고, 또 누구의 것은 안 들어줄 수도 없는 일 아닌가. 그리고 이 내용을 어떻게 현실화시킬지, 예상되는 여러 문제점들을 어떻게 극복하고 구성원을 설득할지 등 뒤따라오는 고민들은 상사에게도 생각하기 어려운 일이다.

그렇다면 어떻게 해야 싱거운 반응만 남긴 채 아이디어가 사장되는 걸 막을 수 있을까? 기발하고 새로운 아이디어만큼 타인을 설득하는 행위도 중요하다. 그렇기 때문에 나는 기업 강연에서 만나는 많은 분들에게 아이디어를 현실화하고 싶다면 이를 위한 전략을 세워야 한다는 조언을 드린다.

설득을 강화하기 위한 인지 심리학적 근거를 다음과 같이 정리해 볼 수 있을 것이다.

1. 직접 경험하게 하라

소유 효과(Endowment Effect)는 사람들이 자신이 직접 소유하거나 경험한 것에 더 큰 가치를 부여하는 현상을 일컫는 말이다. 하지만 모든 걸 다 가지게 만들 수는 없다. 그럴 땐 감각적 경험을 하는 것만으로도 일종의 소유 효과가 유발된다. 잠깐 만져보고, 잠깐 앉아 보는 것만으로도 '이건 내 거야'라는 심리적 효과가 발생하고, 이는 제품에 대한 애정으로 발전한다는 것이다. 그래서 유능한 자동차 판매 딜러는 고객이 직접 차에 앉아서 체험해 보도록 유도한다. 자동차 회사에서 진행하는 시승 행사도 마찬가지다. 같은 맥락에서 랄프로렌은 아바타를 이용한 가상 피팅 옵션을 제공한다. 직접 내 피부에 닿는 것은 아니지만 디지털 세계에서의 내가 옷을 입어보는 것만으로도 친밀감과 애착이 생기고 구매 욕구가 자극된다니, 좋은 아이디어가 있으면 동료나 상사가 체험하도록 유도해 보자. 한 번의 체험으로도 심리적으로 자신과 아이디어를 연결된 것으로 인식할 것이다. 소유 효과는 그 아이디어를 추진하고 싶어 하는 동기를 만들어 줄 것이다.

2. 사회적 타당성을 제시하라

사회적 증거의 원리(Social Proof)는 다른 사람들의 행동을 보고 올바른 결정을 내리려는 경향을 말한다. 특히 내가 속한 사회의 유사한 환경에서 검증된 사례라면 더 긍정적으로 인식한다. 우리는 모든 순간 쉴 틈 없이 판단하고 결정하지만 대부분은 내가 왜 그것을 선택했는지 이유는 정확히 모른다. 오히려 제공되는 정보가 너무 많아 제대로 파악하지도 못한다. 이럴 때는 그래야만 하는 이유를 제공하는 것이 중요하다. 영국의 시리얼 브랜드 서리얼(Surreal)은 유명인과 동일한 이름을 가진 일반인을 광고에 등장시키는 독특한 마케팅 전략을 활용했다. 소비자들은 친숙함과 신뢰감을 얻고 제품에 대한 긍정적인 인식을 갖게 되었위. 아마존의 리뷰 시스템이나 넷플릭스의 가장 많이 본 순위, 스포티파이의 트렌딩은 모두 같은 맥락이라고 볼 수 있다. 당신의 아이디어를 꼭 실행시키고 싶다면 이미 성공적으로 활용하고 있는 비슷한 사례를 찾아 근거로 제시해 보자. 그 사례는 아이디어를 더욱 긍정적으로 포장해 줄 것이다.

3. 모호함을 회피하라

모호성 회피(Ambiguity Aversion)는 사람들이 명확하지 않은 정보나 불확실성이 높은 상황을 꺼리고 확실한 선택지를 선호하는 경향을 말한다. 모든 온라인 상점과 서비스 플랫폼에서 판매량, 리뷰 수, 평점을 정확하게 공개하는 이유이기도 하다. 비즈니스 협업 플랫폼 슬랙(Slack)의 홈페이지에는 큼지막한 숫자가 눈에 띈다. 수익률 338%, 생산성 개선 210만 달러, 커뮤니케이션 개선 답변 85% 등. 이러한 명확한 데이터는 잠재 고객이 슬랙의 효과를 이해하고 신뢰하는 데 도움을 준다.

좋은 아이디어를 실행시키고 싶다면 수치, 데이터, 구체적 근거를 사용하여 아이디어의 가능성과 예상 효과를 명확하게 제시하자. 이를 통해 모호함으로 인한 거부 반응을 줄일 수 있을 것이다.

마지막으로 아이디어를 상사에게 얘기하기 전에 이야기가 잘 통하는 동료를 찾아 공유해 보면 어떨까? 나와 완전히 똑같은 분야에 있는 사람보다는 그 아이디어를 구체화하는 데 도움이 되는 다른 분야의 사람이라면 더 좋을 것이다. 다른 부서의 직원이나 외부 전문가일 수도 있다. 운이 좋다면 필요한 데이터나 사례를 알고 있을 수도 있고, 아이디어 구현 과정에서 발생할 수 있는 리스크를 알고 있을 수도 있다. 이 아이디어의 비전이 무엇이며 목표가 무엇인지 신랄한 질문과 비판을 들을 수도 있다. 이런 모든 피드백은 아이디어를 더욱 섬세하게 다듬고 구체화하는 바탕이 되어 준다. 또한 지원군을 확보한 상태에서 명확하고 간결한 방식으로 상급자에게 아이디어를 올린다면 실현 가능성은 훨씬 더 높아진다.

하지만 보통 우리는 이런 과정을 생략하곤 한다. 여러 이유가 있겠지만 아이디어의 소유권이 희미해질까 봐 걱정하는 마음도 클 것이다. '내가 얼마나 힘들게 생각한 건데! 인정받을 기회를 빼앗길 수 없지'라는 생각이 드는 건 어쩌면 너무도 자연스러운 일이다. 개인의 기여를 인정받는 것은 중요하다. 그러나 아이디어의 소유권에 너무 집착하다 보면 구현될 가능성과는 멀어질 수밖에 없다. 더 큰 목표를 위해 내 아이디어가 빼앗길지도 모른다는 두려움을 극복하면 어떨까? 투명한 의사소통과 협력은 불가능해 보이는 많은 일들도 가능하게 만들어 주니까 말이다.

뇌를 리부팅하는 인지심리학적 TIP

▶▶ 좋은 아이디어를 가졌다면, 이를 효과적으로 설득할 수 있는 전략을 세워보세요.

▶▶ 아이디어의 소유권에 집착하지 말고, 공동의 목표를 위해 함께 나아가는 마음가짐을 유지해보세요.

아이디어를 현실화하려면, 직접 경험하게 하고,
사회적 타당성을 제시하며, 모호함을 제거하라.

03
창의적인 조직을 위한
아이디어 이끌기 기술

　반대로 관리자나 보스는 직원들의 아이디어를 끌어내는 역할을 해야 하는데, 대부분의 관리자들은 이렇게 말한다. "좋은 아이디어 없어? 기발한 것 좀 내 봐."

　경험해 봐서 알 것이다. 이런 말은 아무 의미가 없다는 것을. 대부분의 직원들은 새 아이디어를 생각할 여유도 없고, 관리자가 무엇을 원하는지도, 내가 뭘 해야 되는지도 모른다. 기껏해야 이전에 받아들여졌던 아이디어를 살짝 바꾸는 정도.

　앞서 우리는 'think outside the box'의 위험성에 대해서 이야기를 했다. 창의적인 발상을 위해서는 어느 정도의 제약은 필요하다. 아무 조건도 없이 생각해 내야 하는 것만큼 어려운 것도 없다. 직원들의 창의성을 끌어내고자 하는 지혜로운 보스라면 오히려 괜찮은 조건들을 걸어 주면서 범위를 좁혀 주어야 한다.

인지 심리학에서 문제 해결 방식과 관련하여 '문제 공간 (ploblem space)'이라는 개념이 있다. 문제를 정의하고 해결하기 위한 모든 가능한 상태와 이 상태들 사이의 관계를 포함하는 추상적 개념을 뜻한다. 예를 들어 체스 판에 말들이 제자리에 배치된 것이 '초기 상태'이고 상대방의 왕을 체크메이트한 상황을 '목표 상태'라고 하자. 초기 상태에서 목표 상태로 가는 데엔 가능한 조합이 수도 없이 많다. 그래서 어떤 상황과 맥락과 조건에서 문제를 해결해야 할지 미리 정해 놓아야 한다. 그렇지 않으면 해결 방식이 너무 중구난방이 되기 때문이다. 체스의 경우 각 말들이 이동하는 데에 일정한 규칙을 정해 준다. 그것이 제약 조건이 되는 것이다.

관리자들이 해야 하는 일은 이러한 문제 공간을 효율적으로 설정하는 것이다. 문제 공간이 확실하다면 창의적이고 다양한 아이디어를 유도할 수 있기 때문이다. 조직 안에서의 문제 공간은 어떤 것일까? 명확한 문제의 정의, 또렷한 목표 설정, 예산, 시간, 기술적 제한 등 현실적인 조건 명시, 문제를 쪼개어 분할하고, 다양한 관점을 수용하는 것 등이 아닐까. 문제 공간을 체계적으로 관리하지 않은 상태에서 "괜찮은 아이디어 없어?" "새로운 방식으로 개발해 봐" "신상품 아이디어 좀 내 봐"라는 말은 공허한 외침에 불가하다.

물론 아이디어의 방향성에 범위를 정해주는 것도 중요하다. 직원의 아이디어가 회사의 아이덴티티를 바꾸는 방식이면 곤란하지 않겠는가. '여기서부터 여기까지, 이 안에서만 자유롭게 생각하라'라고 지정해 주지 않으면 의도하지 않은 불편한 상황을 만들 수 있다. 열정이 가득한 직원이 자신의 기발하고 대단한 아이디어가 여러 차례 이유도 알 수 없이 사장되는 것을 경험하고, 결국 조직을 떠나는 경우를 수없이 보았다. 이러한 상황을 방지하기 위해서는 관리자의 역할이 중요하다. 바로 명확한 한계를 설정하여 문제 공간을 제시하는 것이다.

뇌를 리부팅하는 인지심리학적 TIP

▶▶ 문제를 해결할 때, 먼저 문제 공간을 효율적으로 설계하면 창의적인 아이디어를 더 쉽게 유도할 수 있습니다.

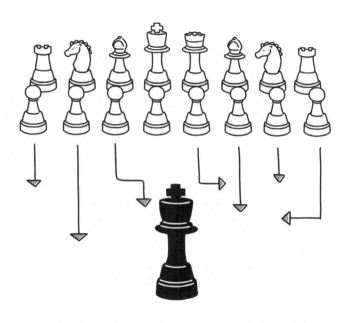

당신이 조직의 관리자라면,
아이디어의 방향성에 범위를 정해주어야 한다.

04
포커스를 읽어라:
조직의 목표와 성향을 이해하는 법

조직의 구성을 단순하게 나누자면 관리자와 직원으로 나눌 수 있다. 직원들은 아이디어를 제안하는 입장이고 관리자는 그 아이디어를 받아들이거나 더 많은 아이디어를 끌어내는 입장이다.

직원들은 아이디어를 어떻게 제시해야 할까? 중요한 것은 그 아이디어가 조직의 목표와 어떻게 연결되는지 명확히 설명하는 것이다. 아이디어가 해결하려는 문제와 기대되는 결과를 논리적으로 정리하고, 실현 가능성을 높이기 위한 구체적인 계획을 함께 제시하는 것이 효과적이다.

그러기 위해선 먼저 관리자가 어떤 성향인지를 파악해야 한다. 관리자 개인뿐 아니라 조직 전체의 분위기도 마찬가지다. 일의 종류나 조직이 처한 상황에 따라 향상 초점(Promotion Focus)이나 예방 초점(Prevention Focus)으로 나뉠 수 있다.

심리학자 토리 히긴스(Tory Higgins)가 제안한 조절 초점 이론은 사람들이 목표를 설정하고 그것을 달성하는 데에 어떻게 동기를 부여받는지 설명한다.

· 향상 초점(Promotion Focus)

: 성취, 성공, 발전을 추구하는 동기 부여 방식

- 긍정적 결과를 지향

- 희망과 열망이 주요 원천

- 위험을 감수하더라도 모험을 추구

· 예방 초점(Prevention Focus)

: 안전, 예방, 책임을 중요하게 생각하는 동기 부여 방식

- 부정적인 결과를 회피

- 안전과 책임이 주요 원천

- 신중하고 보수적인 선택을 선호

향상 초점은 성취와 성장과 관련이 있다. 이 초점에 맞춰진 조직은 이상적인 포부를 이루기 위해 노력한다. 만약 대표가

큰 그림을 그리자고 하거나 습관적으로 미래에 대한 이야기를 한다면, 그리고 세부 사항은 과감하게 위임하는 스타일이라면 나의 아이디어를 항상 초점에 맞춰 이야기할 필요가 있다. 이 아이디어가 어떤 성공을 가져다줄 것이며, 약간의 손해가 발생하더라도 발전의 기회가 된다는 긍정적인 동기를 건드리는 것이다.

반대로 예방과 안정을 최우선으로 생각하는 조직이 있다. 비즈니스의 성격 자체가 안전과 책임을 중요하게 생각하는 것일 수도 있고, 현재 조직이 처한 상황이 발전보다는 손해를 줄이는 쪽에 맞춰져 있을 수도 있다. 이때의 관리자는 무척 신중하게 밑그림을 그리는 데 신경을 쓸 것이며 조직 구성원들은 세부사항을 꼼꼼하게 따지고, 필요한 절차를 어기지 않으려고 애를 쓴다. 이런 분위기에서는 아이디어를 제안할 때 부정적인 상황을 막을 수 있다는 점을 강조하는 것이 좋다. 이 아이디어를 받아들였을 때 얼마나 비용절감을 할 수 있으며 실패나 손실을 피할 수 있는지를 설득의 근거로 내세우는 것이다. 내 조직의 성향과 동기부여 방식에 따라 구체적인 아이디어를 제시한다면 현실화될 가능성은 높아진다.

또한 조직의 목표가 똑같은 성장이라도 '초기 성장'과 '비교 우위 성장'은 접근 방식이 다르다. 초기 단계의 성장은 시장 진입과 기반을 구축하는 데 중점을 둔다. 물론 비용이 들어가는 것은 어느 정도 감수해야 하며 기존과는 다른 방식의 이야기를 해 줘야 한다.

비교 우위 성장은 이미 시장에 자리 잡은 기업이 경쟁자와 차별화된 시장 점유율을 확보하는 것을 말한다. 흔히 말하는 '초격차'가 여기에 해당한다. 이때엔 경쟁사의 약점을 분석하고 그들보다 한 단계, 혹은 두 단계 빠르게 나아가는 게 필요하다. 지금 필요한 건 효율성과 안전이다. 완전히 새로운 것을 시작하기보다 기존 기술을 업그레이드 하거나 비용을 절감하는 것만으로도 눈에 띄는 결과를 가져올 수 있으니 말이다.

우리 조직은 어떤 부분에 초점을 맞추고 있는가? 이것을 조직 구성원 모두와 공유하는 것도 관리자의 역할이라고 본다.

대기업이라고 해서 무조건 비교 우위를 목표로 하거나 스타트 업이라고 해서 무조건 초기 성장을 목표로 하는 건 아니다. 대기업에서도 어떤 사업부냐에 따라 새로운 브랜드를 시작하듯 시장에 진입해야 할 수도 있고, 스타트업도 어떤 일을 하느냐에 따라 안전과 예방을 최고로 생각해야 할 수도 있으니 말이다. 성취와 안정에 대한 이해를 갖추는 것. 조직 안에서 창의적인 아이디어가 현실화되는 지름길이다.

PROMOTION
FOCUS

PREVENTION
FOCUS

당신의 조직 관리자의 생각은
성취와 도전을 중시하는 향상 초점인가,
안전과 책임을 우선하는 예방 초점인가?

05
조직이 원하는 언어로
아이디어를 말하라

우리가 일반적인 기업에서 일을 할 때엔 아이디어를 만든 사람은 나지만 그것을 실제로 반영하는 건 조직이라는 것을 잊어서는 안 된다. 자칫 누군가를 불안하게 만드는 아이디어를 고집하는 사람들도 있다. 그러나 조직의 관리자 역시 사람인지라, 직원이 낸 아이디어를 듣는 순간 위협을 느낄 수도 있다는 것을 기억하자.

지나친 열의에 넘쳐 "이런 식으로 운영하는 건 안 됩니다!" "모든 걸 다 뒤집어야 합니다!"처럼 말한다면 생각보다 싸늘한 반응이 돌아올 것이다. 새로운 아이디어는 항상 어떤 방식으로든 변화를 유발할 수밖에 없는 법. 그런데 그 어떤 조직도 급진적인 변화는 좋아하지 않는다. 변화는 조직의 관리자를 불안하게 만들기 때문이다. 좋은 아이디어가 있고, 그것이 현실화되길 원한다면 듣는 사람을 불안하지 않게 전달하는 스킬도 필요하다.

다짜고짜 상급자를 찾아가 좋은 아이디어가 있다고 말하는 건 서로를 불편하게 만들 수 있다. 이럴 땐 평소에 아이디어를 제안할 수 있는 사전 작업을 미리 해 두는 게 좋다고 생각한다. 상급자와 대화할 기회가 있을 때, 그리고 상급자가 낸 의견을 들어줄 기회가 있다면 슬쩍 말을 던져 보자.

"저도 괜찮은 생각이 있으면, 나중에 말씀드려도 될까요?"

사실 별것 아닌 말이지만 이처럼 밑밥을 깔아 두는 행위는 훗날 큰 도움이 된다. 이런 사전 작업이 없는 상태에서 '저에게 좋은 생각이 있습니다' 하고 다가가면 상급자가 불편하거나 불안할 수도 있으니 말이다. 부하직원이 무심코 내던진 아이디어로 인해 원하지 않는 뒷수습을 하거나, 엄청난 아이디어를 제안하는 바람에 자신의 자리가 위태롭다는 느낌을 받는 건 달갑지 않은 경험 아닐까?

창의적 발상의 마지막 단계에 이런 고민을 하는 것이 너무 사소하고 하찮게 느껴지는가? 하지만 나는 독자들이 반드시 이런 자잘한 과정까지 누구보다 진지하게 고민하길 바란다. 정성껏 다듬은 아이디어가 마지막 단계에서 엎어지는 경우를 너무 많이 보았기 때문이다.

실제로 하급자들이 제안을 할 때는 자신의 독창적인 생각에 스스로 빠져 있는 경우가 많다. 물론 그들의 아이디어는 무척 신선하고 창의적일 것이다. 하지만 아이디어 자체에만 몰입하면 이를 적용했을 때 발생할 수 있는 예상치 못한 문제점들은 못 보고 지나갈 수도 있다.

이런 일들은 공공 정책을 집행할 때도 종종 생기는 일이다. 정부에서는 종종 새로운 정책을 내놓는데 듣기에는 무척 괜찮은 것 같지만 막상 시행하다 보면 여러 문제들이 터지곤 한다. 예를 들어 취약계층을 위한 복지 정책을 만들었는데 예상치 못한 공정의 문제가 발생하는 식이다. 쓸 수 있는 예산은 정해져 있는데, 누가 취약 계층인지를 선별하는 데 소요되는 행정적 비용이 실제 정책 집행보다 더 많이 들어가는 경우를 우리는 수없이 목격하지 않았는가.

이처럼 아이디어를 현실화하는 과정에서는 창의성에만 빠져 있기보다는 어떤 장애물이 있고, 어디에서 충돌할 수 있는지를 같이 고민해야 한다.

마찬가지로 다른 부서에 부담을 주는 아이디어는 아닌지도 체크해 볼 필요가 있다. 예를 들어, 새로운 아이디어를 내면 재무나 회계에서 비용 때문에 반대하는 경우가 종종 있다. 회사는 이윤을 남기는 조직이다. 내 아이디어가 아무리 뛰어나다고 해도 회사에 도움이 되지 않는다면 무슨 소용이겠는가. 아이디어를 구체화하기 앞서 반드시 투자 대비 수익률(ROI, Return on investment)을 고려해야 하는 이유다.

예를 들어 응급실에 환자 말고도 다른 고객들이 찾는 경우가 있다. 병원이 유명한 사건과 관련 있는 경우에는 기자들도 오고, 응대해야 하는 다른 외부 손님이 오기도 한다. 환자에게만 집중하기에도 시간이 부족한데 이런 부수적인 관리까지 생각하면 여간 머리가 아픈 게 아니다. 이런 상황이 반복되면 당연히 병원의 실무자들은 고객을 응대하는 인력을 보충해 달라고 요청한다. 그러나 관리자의 입장에서는 당연히 비용이 문제가 되니 기꺼이 받아들이기 어렵다. 그렇다고 기존의 인력들에게 모든 것을 다 감당하라고 요구할 수도 없는 노릇이다. 이런 상황에서 어느 병원은 입구에 가림막을 쳐서 환자와 외부인의 동선을 분리하는 방식으로 간단히 문제를 해결하기도 했다. 물론 궁극적인 해결책은 아니지만 비용을 과도하게 쓰지 않고도 문제점을 해결하고 관련된 사람들을 만족시킬 수 있었다. 구성원과 조직 모두 어느 정도 만족하는 아이디어라면 절반의 성공이라고 평가해도 되지 않을까?

▶▶ 아이디어가 조직에 주는 변화의 영향을 분석해 보세요.

▶▶ 아이디어를 제시하기 전 투자 대비 수익률(ROI)을 고려해 보세요.

06
아이디어는 혼자 자라지 않는다

    대학원생이 기발한 연구 아이디어를 낸 다음, 학회에 단독으로 나가서 "여러분, 제가 이런 식으로 연구해 보니 이런 결과가 나왔습니다!"라고 발표를 했다고 하자. 그 아이디어가 아무리 기가 막힌다 한들 안타깝게도 좋은 반응을 얻기는 어려울 것이다. 아직 연구 경력이 짧고 학계에서 인지도가 낮은 대학원생이 충분히 신뢰를 얻기는 어렵기 때문이다. 하지만 지도 교수와 상의한 뒤 연구를 구체화하면 아이디어는 더욱 정교해지고, 검증도 철저하게 진행하게 된다. 또한 여러 공동연구자와 협력하여 연구를 진행할 수 있다면 다양한 시선으로 교차 검증도 할 수 있다. 공동연구자의 네트워크를 이용하여 후속 연구나 협업의 기회도 얻을 수 있을 것이다. 소중한 아이디어를 지키기 위해 사람을 이용하는 것 또한 실력이다.

　마찬가지로 기업 내에서도 내가 아이디어를 떠올렸다고 해서 반드시 나 혼자서 아이디어를 발표하고 이끌어나갈 필요는 없다. 이 아이디어를 제대로 평가해 줄 수 있는 권위자나 영향력을 행사해 줄 수 있는 사람을 만나봐야 한다. 경험과 통찰, 그리고 지원을 얻을 수 있으니 말이다. 그러나 이러한 과정을 거치는 경우는 거의 드물다. 사실 그때그때 마땅한 사람을 찾는 것도 쉽지 않은 일이다.

　결정적인 기회에 협력을 유지하기 위해서 필요한 것은 일상의 만남이다. 특히 내가 일하는 분야가 아닌 전혀 다른 분야의 사람들과 많이 만나는 것이다.

　17세기 후반 프랑스에서는 살롱 문화가 유행했다. 이 시절 살롱은 한 공간에 철학자, 작가, 예술가, 정치인 등 다양한 배경을 가진 사람들이 모여 친목을 다지는 곳이었다. 그런데 이러한 살롱 문화가 문화적·학문적으로 유럽을 근대화로 이끌었다는 평가를 받는다. 다양한 배경의 사람들이 별다른 목적 없이 모여서 자신들의 이야기를 나누다 보면 전혀 예상하지 못한 방향으로 아이디어가 발전되기도 한다. 지식은 확장되고 사상은 정교해지며 예술적 표현 방식도 발전한 것이다. 그리고 이 방식은 지금도 여전히 유용하다.

뉴욕, 런던, 파리, 도쿄, 베를린과 같은 대도시에서 이루어지는 예술가 콜렉티브는 살롱 문화의 전통을 현대적이고 실용적인 방식으로 계승하는 모임이다. 예술가뿐 아니라 물리학자, 컴퓨터 과학자, 생물학자 등 다양한 전문가들로 확대되었다.

도쿄를 기반으로 활동하는 예술가 콜렉티브 팀랩(TeamLab)은 물리학자, 컴퓨터 과학자, 엔지니어가 함께 참여하여 디지털 아트를 구현하고 있다. 뉴욕을 중심으로 활동하는 더 리빙(The Living)은 건축가와 생물학자가 협력하여 지속 가능한 건축 방식을 추구하며 환경과 공존하는 미래를 설계하고 있다.

우리나라에서도 코로나 이전에 유행했다가 지금은 다시 다양한 형태로 변형되어 실행되고 있는 북 콘서트가 좋은 사례다. 꽤 많은 사람들이 동네 책방에서 만나 내가 좋아하는 저자와 이야기를 하기도 하고 다양한 분야의 독자들과 새로운 것을 만들어내기도 한다. 여기서 말하는 동네 책방은 과거의 책방과는 여러 면에서 다르다. 단순히 책을 판매하는 공간이 아니라 다양한 문화 활동이 열리는 지역 사회의 살롱이다. 북 콘서트나 북 큐레이션, 토론 모임이나 글쓰기 워크숍 같은 이벤트가 열리기도 하고 동네 주민들의 커뮤니티 공간으로도 쓰인다. 대표적인 동네 책방으로 선릉역에 위치한 최인아 책방을 손꼽을 수 있다. 제일기획에서 부사장까지 역임했던 최인아 씨는 한국 광고 업계의 대표적인 인물이었다. 그런 그녀가 뜬금없이 왜 책방을 열었냐는 반응도 예전에는 종종 있었지만 이제는 이러한 형태의 동네 책방이 풍요로운 문화 공간의 역할을 한다는 것을 모르는 사람이 없을 것이다.

오늘날엔 꼭 책방 이벤트뿐 아니라 다양한 종류의 클럽이 운영되고 있다. 사람들은 회비를 내고 모여서 이야기도 나누고, 평소 관심 있었던 유명 인사를 초청하여 강의도 듣는다. 이런 작업들이 당장 내 생업에 도움이 될까? 아마 그렇지 않을 것이다. 하지만 사람들이 이런 모임에 기꺼이 참여하는 이유는 연결 가능성을 높이는 것만으로도 아이디어의 확장과 발전에 도움이 되기 때문이다. 거칠었던 발상이 새로운 통찰로 정교해지는 것은 물론, 이런 자리를 통해 내 아이디어를 평가해 줄 수 있는 누군가를 만날 수도 있다. 이렇게 창의적인 생각들이 모여 거대한 변화를 만들어 내는 밑거름이 되어 줄 것이다.

지금 당장 눈앞에 쌓인 일들을 처리하기에도 바쁜 날들이다. 하지만 작은 여유를 내어 창의적인 활동들을 꾸준히 해 나가면 어떨까? 촘촘하고 다양한 연결이 머릿속에만 있던 작은 아이디어를 거대한 가능성으로 확장시켜 줄 것이다.

뇌를 리부팅하는 인지심리학적 TIP

▶▶ 아이디어가 떠올랐다면, 혼자 해결하려 하기보다는 조직 내에서
　　신뢰할 수 있는 멘토나 상급자와 상의하는 연습을 해보세요.

▶▶ 평소 나와 다른 분야의 사람들과 네트워크를 형성하는 시간을 가지세요.

▶▶ 회사 외부에서 진행되는 작은 커뮤니티나 모임에 정기적으로 참여해보세요.

버퍼링 타임 활용 가이드: 실행의 기술

창의적인 아이디어는 실행 단계에서 그 진정한 가치를 발현합니다. 이 장에서는 아이디어를 현실화하기 위해 필요한 구체적인 실행 전략과 기술을 다루고자 합니다. 아래의 연습 문제를 통해 실행력을 키우고, 여러분의 아이디어를 실제 성과로 연결하는 과정을 경험해 보시기 바랍니다.

1. 역할 이해하기

• 질문:
  1) 현재 진행 중인 프로젝트에서 나의 역할은 무엇인가요?
  2) 이 역할에 따라 나에게 요구되는 책임과 주요 관점은 무엇인지 적어 보세요.
  3) 팀원들의 역할을 생각하며 그들의 관점에서 바라보면, 어떤 새로운 통찰을 얻을 수 있을까요?

2. 설득 기술 연습

• 시나리오 연습: 당신이 제안한 아이디어를 팀장에게 설득해야 한다고 가정해 보세요.
• 설득 내용 구성:
  1) 아이디어의 주요 목표와 해결하려는 문제를 간결히 설명합니다.
  2) 예상되는 결과와 이를 통해 조직이 얻게 될 긍정적인 영향을 정리합니다.
  3) 구체적인 데이터나 사례를 통해 설득의 신뢰성을 높여 보세요.

- 아래의 틀을 따라 설득 문장을 작성해 보세요:

  "이 아이디어는 [문제]를 해결하며, [결과]를 가져올 것입니다. 특히, [구체적 사례]와 유사한 방식으로 실행된다면, [조직에 미칠 영향]을 기대할 수 있습니다."

3. 협력의 가치 확인

- 협력 플랜 작성하기:
  - 내가 추진 중인 아이디어를 보완하거나 실행력을 높이기 위해 도움을 줄 수 있는 사람은 누구인가요? 그들의 전문성과 네트워크를 활용할 수 있는 방법을 적어 보세요.
- 예시:
  1) "마케팅 팀의 데이터 분석 결과를 활용해 더 구체적인 타겟팅 방안을 마련한다."
  2) "개발 팀과 협력해 사용자 피드백을 반영한 프로토타입을 제작한다."

4. 실행 로드맵 작성

- 질문:
  1) 아이디어를 실행하기 위해 어떤 단계를 밟아야 하나요?
  2) 단계별로 예상되는 장애물을 적고, 이를 해결하기 위한 대안을 기록해 보세요.
- 실행 단계 예시:
  - [1단계: 목표 설정]
  - [2단계: 필요 자원 확보]
  - [3단계: 파일럿 테스트 실행]
  - [4단계: 최종 실행 및 피드백 반영]

버퍼링을 창의적으로 활용하는 체크리스트

내 뇌가 버퍼링에 걸리는 순간을 그냥 흘려보내지 않고 창의적인 도구로 바꾸기 위한 실천 목록입니다. 이 체크리스트는 예상치 못한 멈춤의 순간을 단순한 대기 시간이 아니라, 창의적인 발상의 기회로 활용할 수 있도록 돕습니다. 버퍼링이 걸릴 때마다 한 가지씩 실천해 보면서, 막혔던 사고가 열리고, 새로운 발상이 떠오르는 경험을 하게 되기를 희망합니다.

1. 즉흥적인 기록하기
☐ 지금 머릿속에 떠오르는 단어 5개를 빠르게 적어본다.
☐ 오늘 하루 가장 인상적인 장면을 짧게 메모한다.
☐ 최근 떠올랐던 아이디어나 고민을 한 문장으로 정리해본다.

2. 관찰력 키우기
☐ 주변에서 3가지 색을 찾아보고, 그 색을 단어로 표현해본다.
☐ 근처에서 들리는 소리 5가지를 적어본다.
☐ 지금 내 기분과 잘 어울리는 사물을 하나 찾아본다.

3. 창의적인 질문 던지기
☐ "만약 지금 이 상황을 소설 속 장면으로 만든다면?"
☐ "내가 지금 시간 여행을 한다면 어느 시대로 가고 싶을까?"
☐ "이 상황에서 새로운 아이디어를 얻으려면 어떻게 볼 수 있을까?"

4. 감각 확장하기

- ☐ 손에 닿는 사물 하나를 자세히 만져보고 감촉을 언어로 표현한다.
- ☐ 눈을 감고 30초 동안 주변의 소리에 집중해본다.
- ☐ 평소에 잘 사용하지 않는 반대손으로 글씨를 써보거나 간단한 그림을 그려본다.

5. 창의적 습관 만들기

- ☐ 항상 들고 다닐 작은 노트나 메모 앱을 활용해 즉흥적으로 기록을 남긴다.
- ☐ 5분 안에 짧은 시(詩)나 문장을 만들어본다.
- ☐ 지금 가장 떠오르는 단어를 중심으로 즉흥적인 연상 단어 10개를 적어본다.

6. 상상력 훈련하기

- ☐ 지금 눈앞에 보이는 사물의 용도를 다르게 상상해본다.
- ☐ 익숙한 사물을 외계인이 처음 본다면 어떻게 설명할지 생각해본다.
- ☐ 눈을 감고 자신이 좋아하는 장소를 떠올려보고, 그곳의 공기, 냄새, 소리를 상상해본다.

7. 창의적 연결 만들기

- ☐ 전혀 관련 없는 두 가지 개념을 골라 서로 연결해본다.
- ☐ 지금 있는 공간에서 가장 눈에 띄는 물건과 최근 고민했던 문제를 연결해 해결책을 상상해본다.
- ☐ "이 순간을 영화의 한 장면으로 만든다면?"이라고 가정해본다.

버퍼링 씽킹

초판 인쇄   2025년 3월 5일
초판 발행   2025년 3월 15일

지은이   김태훈
펴낸이   이소영
디자인   디스커버
마케팅   신나래

펴낸곳   투래빗
주소   서울시 도봉구 방학로 3길 13, 3층
전화   070-4506-4534
팩스   050-4360-6780
이메일   2rbbook@gmail.com

ISBN 979-11-990563-6-7 03320